Epikur
Philosophie
der Freude

Epikur, der Philosoph im Garten, will mit seinen Lehrsätzen und Aphorismen ein Glücksgefühl vermitteln, eine innere Freude am Dasein. Er versucht den Menschen einen Weg zu weisen, der in die Stille, in die irdische Glückseligkeit führt.

Wie soll das geschehen? Der Wert aller Dinge werde, so sagt Epikur, vornehmlich von Lust und Schmerz bestimmt. So ist es naheliegend, daß er den Menschen von jeglicher Furcht zu befreien sucht und in Überwindung von Angst und Schmerz innerer Ruhe zuführt.

Nach Freude streben heißt für Epikur, die Einfachheit und Genügsamkeit im Blick zu behalten, die Fähigkeit zu freudvollem Empfinden auch in dürftigen Verhältnissen nicht zu verlieren.

Die Weltanschauung Epikurs, die Philosophie der irdischen Glückseligkeit durch die Freude, hat zwar seither keine große Breitenwirkung gefunden, dafür aber viele Menschen durch die Jahrtausende bis in unsere Tage in ihren Bann gezogen. Sie vermochte die Menschen immer wieder zu beglücken.

Epikur
Philosophie der Freude

Übertragen von
Paul M. Laskowsky

Insel Verlag

Insel-Clip 26
Erste Auflage 1996
Insel Verlag Frankfurt am Main und Leipzig

Lizenzausgabe mit freundlicher Genehmigung des
Wilhelm Goldmann Verlags München
Vertrieb durch den Suhrkamp Taschenbuch Verlag
Umschlag von Hermann Michels, unter Verwendung
eines Fotos von © Danny Gonzalez, 1994
Satz: MZ-Verlagsdruckerei GmbH, Memmingen
Druck: Ebner Ulm
Printed in Germany

1 2 3 4 5 6 – 01 00 99 98 97 96

Inhalt

Briefe

Die Lehrbriefe Epikurs
sind in der »Geschichte der Philosophen«
des Diogenes Laërtios überliefert.

Brief an Herodotos

Epikuros grüßt seinen lieben Herodotos.

Für die, mein lieber Herodotos, die nicht alles genau und vollständig zu studieren vermögen, was ich über die Natur niedergeschrieben habe, auch die größeren Bücher unter meinen Schriften nicht durchsehen können, habe ich selbst einen Auszug aus meinem gesamten Werk gemacht. Er soll ihnen ermöglichen, sich wenigstens die Grundlehren daraus hinlänglich einzuprägen, und ihnen zugleich in den wichtigsten Fragen jederzeit eine Hilfe sein, soweit sie sich überhaupt mit Naturwissenschaft befassen. Aber auch wer das gesamte System schon weitgehend übersieht, soll sich der elementaren Grundlinien meiner gesamten Arbeit erinnern; denn wir bedürfen häufig mehr des Gesamtüberblicks als der Kenntnis der Einzelheiten. Man muß jedoch auch auf diese dauernd sein Augenmerk richten und davon so viel im Gedächtnis festhalten, daß man imstande ist, den Zugang zur Erkenntnis des Naturgeschehens zu finden wie auch jede Einzeluntersuchung anzustellen. Dazu ist es nötig, vorher die hauptsächlichsten Gesichtspunkte zu erfassen und sie sich fest einzuprägen. Denn selbst wer volle Kenntnis besitzt, gelangt zu genauesten Ergebnissen nur, wenn er seine scharfsinnigen Beobachtungen auf einfache Grundbegriffe und Bezeichnungen zurückführen kann. Es ist ja unmöglich, das feste Gefüge der beobachteten Erscheinungen zu erkennen, wenn man nicht imstande ist, auch jede Einzelheit zu bezeichnen.

Weil nun dieser Weg für alle nützlich ist, die sich mit der Erklärung der Naturerscheinungen befassen, so bin ich daran gegangen, für dich einen solchen Auszug und elementaren Grundriß meiner gesamten Lehrmeinungen niederzuschreiben. Ich fordere ja stets zu unablässigem Bemühen um die Erkenntnis der Natur auf, da ich selbst in einem solchen Leben die Ruhe finde.

Zuerst nun, mein lieber Herodotos, müssen wir erfaßt haben, was den Bezeichnungen zugrunde liegt, damit wir unsere Meinungen oder Probleme oder Schwierigkeiten darauf zurückführen und prüfen können, denn sonst entzieht sich uns, die wir etwas beweisen wollen, alles der Prüfung, verliert sich ins Grenzenlose, und wir gebrauchen leere Worte. Bei jeder Bezeichnung muß sich also die ursprüngliche Bedeutung erkennen lassen und keiner weiteren Erklärung bedürfen, wenn wir wirklich die Möglichkeit haben wollen, unsere Probleme, unsere Schwierigkeiten und Meinungen darauf zurückzuführen.

Wir müssen ferner bei allem unsere Sinneswahrnehmungen beobachten wie auch das prüfen, was in unserem Denken, in unserem Erkennen und Empfinden dabei vor sich geht, damit wir Anhaltspunkte haben für die Deutung des noch Unbekannten, das wir erwarten.

Wenn wir dies genau erfaßt haben, dürfen wir bereits Erwägungen über das Unbekannte anstellen.

Zuerst also: Nichts entsteht aus dem Nichts; denn dann könnte alles aus allem entstanden sein, ohne irgendwie der Samen zu bedürfen. Und wenn das, was im Schwinden ist, ins Nichts verginge, dann wären bereits alle Dinge zugrunde gegangen, und es wäre nichts vorhanden, wohinein sie sich aufgelöst hätten. Überdies: Das All war in seiner Beschaffenheit immer so, wie es gegenwärtig ist, und wird immer so sein; es gibt ja nichts, in das es sich verwandeln könnte. Denn neben dem All existiert nichts, was in das All eindringen und die Verwandlung bewirken könnte.

Weiter: Das All besteht aus Körpern und leerem Raum. Denn daß es Körper gibt, bezeugt bei allen Dingen schon die Sinneswahrnehmung, und aus der Sinneswahrnehmung müssen wir, wie ich vorhin schon gesagt habe, das Unbekannte durch Überlegung erschließen. Wenn es das nicht gäbe, was wir das Leere, den Raum, die unfaßbare Natur nennen, dann gäbe es nichts, wo die Körper wären und worin sie sich bewegten. Und es ist doch offensichtlich, daß sie sich bewegen. Außer diesen Körpern und dem leeren Raum können wir nicht einmal begrifflich etwas erschließen oder durch Analogie zu dem

Begreifbaren als vorhanden erfassen; denn diese beiden werden als Teile der gesamten Natur angesehen und nicht als Eigenschaften oder Zufälligkeiten des Körperlichen und des Leeren bezeichnet.

Ferner: Von den Körpern sind die einen Zusammensetzungen, die anderen aber Urbestandteile, aus denen die Zusammensetzungen gebildet sind. Diese Urbestandteile sind nun unteilbar und unveränderlich, wenn anders nicht alle in das Nichtseiende vergehen sollen, sondern in voller Kraft bei den Auflösungen der Zusammensetzungen fortdauern sollen, vollständig in ihrer Beschaffenheit, da es nichts gibt, worin und wie sie sich auflösen könnten.

Daher müssen die Urwesenheiten der Körper ihrer Beschaffenheit nach unteilbar (Atome) sein.

Weiter: Das All ist unendlich; denn alles Begrenzte hat ein Äußerstes, doch kann ein Äußerstes nur im Vergleich zu einem anderen betrachtet werden. (Das All jedoch kann nicht in Vergleich zu etwas anderem gesetzt werden.) Das All hat also kein Äußerstes und daher auch keine Grenzen. Und da es nun keine Grenzen hat, wird es wohl unendlich und unbegrenzt sein.

Nach der Menge der Körper wie nach der Größe des leeren Raumes ist das All unendlich. Wenn nämlich der leere Raum unendlich wäre, die Körper aber (an Zahl) begrenzt, dann würden die Körper nirgendwo verharren, sondern zerstreut in dem leeren Raum umherfliegen und nichts haben, was sie stützen und bei den Zusammenprallungen einordnen könnte. Wäre der leere Raum begrenzt, dann hätten die zahlreichen Körper keinen Ort, wo sie sein könnten.

Dazu sind die unteilbaren und festen Urkörper, aus denen die Zusammensetzungen entstehen und in die sie sich auflösen, unbeschränkt in der Verschiedenheit ihrer Gestaltungen. Denn es ist unmöglich, daß so viele Verschiedenheiten aus denselben begrenzten Gestaltungen entstehen können. Und in jeder Gestalt sind die gleichen Urbestandteile schlechthin unendlich, aber in der Verschiedenheit nicht schlechthin unendlich, sondern nur unerfaßbar.

In ständiger Bewegung sind nun diese Atome durch alle Ewigkeit. Die einen fallen in weiten Abständen voneinander senkrecht hinab, andere wiederum vollführen eine schwingende Bewegung an Ort und Stelle, wenn sie gerade durch eine Verflechtung eingeschlossen sind oder umkreist werden von anderen, die im Begriff sind, sich zu verflechten.

Das bewirkt nämlich die Natur des leeren Raumes, die jedes einzelne Atom vom andern trennt, da sie nicht imstande ist, ihm eine Stütze zu bieten; andererseits bewirkt die den Atomen eigene Festigkeit beim Zusammenstoß ein Zurückprallen, soweit die Verflechtung die Rückkehr aus dem Zusammenstoß an die alte Stelle zuläßt. Einen Anfang für dieses Geschehen gibt es nicht; denn die Atome sind ewig, und ewig ist der leere Raum.

Diese wichtige Aussage schafft eine geeignete Grundlage für die Erkenntnis der Natur der Dinge, wenn wir dies alles fest im Gedächtnis behalten.

Doch weiter: Auch die Welten sind unbegrenzt an Zahl, sowohl die der unsern ähnlichen wie die ihr unähnlichen; denn da die Atome, wie ich eben gezeigt habe, unendlich an Zahl sind, bewegen sie sich auch in die fernsten Weiten. Die unendlich vielen Atome, aus denen eine Welt entstehen oder gebildet werden könnte, werden nämlich weder für eine einzige Welt noch für eine beschränkte Anzahl von Welten aufgebraucht, weder für solche, die der unsrigen ähnlich sind, noch für solche, die ihr unähnlich sind. Demnach steht nichts der Annahme einer unendlichen Anzahl von Welten im Wege.

Es gibt auch Erscheinungsformen von gleicher Gestalt, wie die der festen Körper, die aber an Feinheit die Dinge weit hinter sich lassen, die wir wahrnehmen. Denn es ist weder unmöglich, daß in dem sie Umgebenden derartige Zusammenballungen vor sich gehen, noch daß für die Erzeugung von Höhlungen und Feinheiten geeignete Umstände entstehen; und es können auch Ausströmungen stattfinden, welche die dauernde Stellung und Lage bewahren, die sie in den festen Körpern hatten. Diese Erscheinungsformen nennen wir Bilder. Ihre Bewegung durch den leeren Raum legt, wenn ihr nichts begegnet, was sie hemmen könnte, jede erdenkliche Entfernung in unerdenklich kurzer Zeit zurück. Der Eindruck nämlich von Langsamkeit und Schnelligkeit hängt davon ab, ob ein Hindernis im Wege steht oder nicht.

Ein sich bewegender Körper kommt allerdings gemäß der mit der Vernunft erfaßbaren Zeit nicht an mehreren Orten zugleich an – denn das ist unausdenkbar –, wenn er auch in der von uns wahrnehmbaren Zeit gleichzeitig anzukommen scheint, von welcher Stelle des Unendlichen, nicht von einem Ort, den wir erkannt haben, er auch immer seinen Flug angetreten haben mag. Denn etwas einem Widerstand Ähnliches wird es geben, selbst wenn wir bis dahin die Schnelligkeit der Bewegung als unbehindert haben gelten lassen. Es ist nützlich, auch diesen Grundsatz festzuhalten.

Des weiteren: Die Bilder sind von einer unübertreffbaren Feinheit; dieser Annahme widerspricht nichts aus der Erscheinungswelt. Daher besitzen sie auch unübertreffbare Geschwindigkeiten; sie finden überall einen ihnen passenden Durchgang, so daß ihre Bewegung nichts oder nur wenig hemmt, während den vielen unzähligen Atomen sofort etwas im Wege steht.

Hinzu kommt, daß die Entstehung der Bilder mit der Schnelligkeit eines Gedankens geschieht; denn das Ausströmen der Bilder von der Oberfläche der Körper findet, unserer Wahrnehmung allerdings nicht erkennbar, ununterbrochen statt, da immer wieder Ergänzung erfolgt. Das Ausströmen bewahrt dabei lange Zeit die Lage und Ordnung der Atome am festen Körper, mag sie sich auch bisweilen verwirren. Zusammensetzungen solcher Bilder entstehen in dem Umgebenden blitzschnell, da ja eine körperliche Tiefe nicht ausgefüllt zu werden braucht. Schließlich können solche Wesenheiten noch auf andere Art und Weise ihren Ursprung nehmen. Dies alles wird durch unsere Sinneswahrnehmungen nicht widerlegt, wenn man nur irgendwie darauf achtet, in welcher Weise die Sinneswahrnehmung Eindrücke und Empfindungen in uns entstehen läßt.

Wir müssen aber auch als Grundsatz anerkennen, daß wir nur darum sehen und über das Gesehene nachdenken, weil etwas von den Außendingen in uns eingeht. Denn die Außendinge dürften uns wohl ihre Beschaffenheit an Farbe und Gestalt nicht durch die zwischen ihnen und uns vorhandene Luft wie ein Siegel aufprägen, ebensowenig wie durch Strahlen oder Ausströmungen, die von uns zu ihnen gelangen. Das geschieht so, als ob von den Dingen irgendwelche Abdrücke in uns eingingen, die von gleicher Farbe und Gestalt sind wie sie und in der passenden Größe in unseren Blick und in unser Denken eintreten, und zwar mit großer Schnelligkeit. Das erzeugt in uns die Vorstellung des einen und einheitlichen Gegenstandes und läßt uns den ihnen zugrundeliegenden Gegenstand empfinden je nach dem von dort ausgehenden Eindruck, der durch das Schwingen der Atome in der Tiefe des festen Körpers entsteht. Und die Vorstellung, die wir von einer Gestalt oder von ihren Eigenschaften durch unser Denken oder durch unsere Sinneswerkzeuge erhalten – sie ist wirklich gestalteter fester Körper, der entsteht, weil das Bild sich in dichter Folge wiederholt oder seinen Eindruck zurückläßt. Täuschung und Irrtum aber hängen von dem ab, was hinzugedacht wird; das Zugedachte aber erwartet die Bestätigung oder das Fehlen einer Widerlegung und wird dann bestätigt oder widerlegt.

Die Ähnlichkeit nämlich der Vorstellungen, die wir zum Beispiel von einem Gemälde erhalten oder die in Träumen oder bei anderen Betätigungen des Denkens und des Prüfens der Kennzeichen zustande kommen, mit den tatsächlich vorhandenen und als wahr bezeichneten Dingen wäre nicht gegeben, wenn nicht etwas, und zwar Ähnliches, existierte, mit dem wir es vergleichen. Es gäbe andererseits keinen Irrtum, wenn wir nicht auch noch eine andere Bewegung in uns selbst einführen, die zwar mit dem Objekt, das zur Vorstellung kommt, verknüpft ist, aber eine ganz persönliche Meinung darstellt; wenn diese Meinung nicht bestätigt oder gar widerlegt wird, dann handelt es sich um eine Täuschung, wird sie aber bestätigt oder nicht widerlegt, dann handelt es sich um die Wahrheit.

Diesen Lehrsatz müssen wir uns besonders gut einprägen, damit die durch den Augenschein gewonnenen Kriterien nicht unbeachtet bleiben und der Irrtum, wenn er für Wahrheit gehalten wird, nicht alles in Verwirrung bringt.

Auch das Hören kommt dadurch zustande, daß eine Strömung von etwas Tönendem oder Hallendem oder Lärmendem ausgeht oder von sonst irgend etwas, das eine Hörempfindung hervorruft. Und diese Strömung zerstreut sich in gleichmäßig gestaltete Körperchen; sie bewahren zugleich eine gewisse verwandtschaftliche Übereinstimmung miteinander wie eine eigenartige Einmaligkeit, die bis zu dem Gegenstand zurückreicht, der sie ausgesandt hat, und meistenteils die entsprechende Wahrnehmung hervorruft oder wenigstens deutlich macht, daß in der Außenwelt etwas vor sich geht. Denn ohne daß von dorther etwas übertragen wird, das Mitempfindung erzeugt, dürfte wohl keine derartige Wahrnehmung entstehen.

Man darf also nicht glauben, die Luft selbst werde von dem ausgesandten Ton oder von Gleichartigem geformt – denn es fehlt viel dazu, daß sie eine derartige Wirkung durch den Ton erleide –, sondern man muß vielmehr als Grundwahrheit ansehen, daß der Impuls, der in uns entsteht, wenn wir einen Ton aussenden, sofort eine entsprechende Ausstoßung von hauchartig strömenden Körperchen hervorruft, die bei uns die Empfindung des Hörens entstehen läßt.

Desgleichen muß man auch überzeugt sein, daß der Geruch wie das Gehörte keinesfalls eine Empfindung in uns entstehen ließen, wenn es nicht gewisse kleine Körperchen gäbe, die von dem Gegenstand ausgehen und so geartet sind, daß sie in dem entsprechenden Sinneswerkzeug einen Eindruck hervorrufen, die einen in verwirrter und fremdartiger Weise, die anderen unverwirrt und angenehm.

Sodann muß man festhalten: Die Atome besitzen sonst keine Eigenschaft der uns erscheinenden Dinge außer Gestalt, Gewicht, Größe und allem, was mit Gestalt notwendig verbunden ist. Denn jede Beschaffenheit verändert sich; die Atome aber verändern sich keinesfalls. Bei der Auflösung der Zusammensetzungen muß ja etwas Festes und Unlösbares zurückbleiben, das eine Veränderung in das Nichtseiende oder ein Auftauchen aus dem Nichtseienden nicht gestattet. Die Veränderungen erfolgen im Gegenteil durch Umlagerungen, bisweilen auch durch Zugang und Abgang von Atomen. Daher muß das, was sich umlagert, unzerstörbar sein und nicht die Natur des Veränderlichen an sich haben, dagegen eigene Masse und Gestalt; und auch diese müssen unverändert bleiben.

Denn bei den Umgestaltungen, die sich vor unseren Augen durch Verminderung vollziehen, treffen wir noch die Gestalt als das dem Dinge Innewohnende an; die Eigenschaften aber, da sie dem sich verändernden Ding nicht innewohnen, bleiben nicht zurück wie die Gestalt, sondern entweichen aus dem ganzen Körper und gehen zugrunde. Das Übrigbleibende ist also hinreichend, die Verschiedenheiten der Zusammensetzungen zu erzeugen; denn es ist notwendig, daß etwas übrigbleibt, was nicht in das Nichtseiende verlorengeht.

Man darf jedoch wiederum nicht annehmen, es gebe Atome von jeder Größe, damit man nicht durch die Erscheinungswelt widerlegt werde. Daß es indes gewisse Unterschiede in den Größen gibt, muß man annehmen; weil dies so ist, läßt sich auch das, was bei den Empfindungen und Wahrnehmungen vor sich geht, noch besser erklären. Daß aber jede Größe von Atomen vorhanden sei, ist zur Erklärung der Eigenschaftsverschiedenheiten der Dinge nicht nötig; es müßten uns dann ja schon sichtbare Atome vor Augen gekommen sein. Das aber ist noch niemals geschehen, und es ist auch nicht auszudenken, auf welche Weise ein Atom sichtbar werden könnte.

Dazu darf man nicht glauben, in dem umgrenzten Körper seien unbegrenzt viele Ur-Teilchen vorhanden, geschweige denn solche von jeder beliebigen Größe. Wir müssen daher nicht nur die Meinung beseitigen, es gebe eine Teilung und Verkleinerung bis ins Unendliche, damit wir nicht unserer ganzen Lehre den Boden entziehen und bei unseren Vorstellungen von den Zusammensetzungen uns gezwungen sehen, das Seiende zusammenzupressen, so daß es sich schließlich ins Nichts auflöst. Wir dürfen auch nicht annehmen, daß die begrenzten Dinge sich ins Unbegrenzte vergrößern oder verkleinern können.

Wenn jemand behaupten sollte, es gebe in einem Ding eine unbegrenzte Anzahl von Teilchen oder solche von jeder beliebigen Größe, dann kann man sich nicht vorstellen, wie dieses Ding dann noch in seiner Größe begrenzt sein könnte. Denn es ist doch klar, daß die unendlich vielen Teilchen eine gewisse Größe besitzen müssen; und wären diese Teilchen auch von beliebiger Größe, so wäre doch immer ihre Größe nicht zu ermessen. Da ferner das Begrenzte ein unterscheidbares Äußeres hat, selbst wenn es an sich nicht sichtbar ist, so muß doch das sich Anschließende als Ähnliches zu denken sein, und so wird man, immer weiter voranschreitend im Denken, bis ins Unendliche kommen.

Das Kleinste, das sich wahrnehmen läßt, muß man sich weiter von der Art denken, daß es sich nicht mehr ändern kann, doch wiederum so, daß eine Veränderung ihm nicht ganz unähnlich wäre, sondern so, daß es mit den veränderlichen Dingen eine gewisse Gemeinsamkeit besitzt, daß es sich aber in seinen Teilen nicht begreifen läßt. Aber wenn wir wegen der Ähnlichkeit, die diese Gemeinsamkeit in sich birgt, glauben, etwas von diesem Teilchen teils diesseits, teils jenseits zu erkennen, dann muß uns in Wirklichkeit das gleiche begegnen. Mit dem ersten beginnend, sehen wir die kleinsten Teilchen der Reihe nach nicht alle an derselben Stelle, auch nicht sich mit Teilen an Teile heftend, sondern mit der ihnen eigenen Eigenheit die Größen abmessend, größere eine größere, kleinere eine kleinere.

Wir müssen überzeugt sein, dieses Verhältnis findet auch auf das Kleinste im Atom Anwendung; denn nur in der Kleinheit unterscheidet es sich offenbar von dem, was wir in sinnlicher Wahrnehmung schauen, unterliegt jedoch dem gleichen Verhältnis. Wir haben ja nach diesem Verhältnis auch vom Atom ausgesagt, daß es Größe habe; wir haben nur ein recht Kleines uns bis ins Unendliche verkleinert gedacht. Ferner müssen wir als Grundlehre ansehen, daß dieses Kleinste, Unteilbare das Äußerste an geringer Ausdehnung darstellt; und so gibt es von sich aus als erstes den Maßstab für Größeres und Kleineres ab, was wir uns aber nur im Geiste von diesem Unsichtbaren vorstellen können. Denn das, was diesen kleinsten Atomen mit den unveränderlichen Teilen gemeinsam ist, reicht aus, diesen Schluß zu ziehen; es ist aber nicht möglich, daß aus ihnen eine Vereinigung entsteht, obwohl sie sich bewegen können.

Wir dürfen ferner bei dem Unendlichen nicht von »oben« oder »unten« sprechen, als ob es bei ihm ein Oberstes und Unterstes gäbe. Wir wissen doch, daß uns der Raum über unserem Kopf, der von unserem Standpunkt aus bis ins Unendliche geht, niemals sichtbar werden wird oder daß der unterhalb des gedachten Standpunktes bis ins Unendliche führende Raum in bezug auf den Standpunkt gleichzeitig oben und unten ist. Das ist ganz unausdenkbar. Daher müssen wir die nach oben ins Unendliche gedachte Bewegung und die nach unten als eine einzige annehmen, selbst wenn tausendmal das sich von uns nach oben in die Räume über unserem Kopfe Bewegende zu den Füßen derer über uns gelangt oder zum Kopfe derer unter uns das sich nach unten Bewegende; denn die Gesamtbewegung wird trotz alledem als eine und dieselbe nur der Richtung nach sich selbst bis ins Unendliche entgegengesetzte begriffen.

Es besteht ferner die Notwendigkeit, daß die Atome sich mit gleicher Geschwindigkeit bewegen, wenn sie durch den leeren Raum fliegen und keinen Widerstand finden. Denn die schweren Atome werden nicht schneller fliegen als die kleinen und leichten, wenigstens wenn ihnen nichts in den Weg kommt, und die kleinen nicht schneller als die großen, obwohl ihnen jeglicher Durchgang angepaßt ist, natürlich unter der Voraussetzung, daß ihnen nichts Widerstand leistet. Weder die Bewegung aufwärts noch die zur Seite, die durch Zusammenprall entsteht, noch die Bewegung nach unten infolge der eigenen Schwere wird schneller. Denn solange das Atom die eine oder andere dieser Bewegungen besitzt, so lange wird es sich mit der Schnelligkeit des

Gedankens bewegen, bis irgend etwas von außen her oder aus der eigenen Schwere der Gewalt des Anpralls Widerstand leistet.

Was nun die Atomverbindungen betrifft, so wird sich die eine schneller dahinbewegen als die andere, obwohl ihre Atome die gleiche Schnelligkeit besitzen; denn die Atome in den Verbindungen bewegen sich im kleinsten ununterbrochenen Zeitraum auf einen Ort zu, wenn sie sich auch nicht in den nur gedanklich erfaßbaren Zeiten auf einen Ort hin bewegen. Aber sie prallen häufig an, bis die fortdauernde Bewegung den Sinnen erkennbar wird. Denn was wir über das Unsichtbare dazudenken, daß nämlich auch die nur gedanklich vorgestellten Zeiten eine fortdauernde Bewegung haben, ist bei derartigen Dingen nicht richtig. Wahr ist ja nur alles, was wirklich erschaut wird oder aufgrund von Beobachtung mit dem Denken erfaßt wird.

Wenn wir nun nach diesen Überlegungen auf unsere Sinneswahrnehmungen und unsere Empfindungen hinweisen – denn so werden wir die sicherste Grundlage für unsere Überzeugung finden –, müssen wir einsehen, daß die Seele ein aus feinsten Teilen zusammengesetzter Körper und durch die ganze Atomanhäufung des Leibes verstreut ist, am besten vergleichbar einem Hauch, der eine gewisse Beimischung von Warmem hat, und zwar teils diesem, teils jenem ähnlich. Es gibt aber noch einen dritten Bestandteil, der durch seine Feinteiligkeit auch von diesen (dem

Hauche und dem Warmen) sehr verschieden ist, der aber gerade dadurch mit der übrigen Atomansammlung noch größere Gemeinsamkeit im Empfinden besitzt.

Dies alles machen uns die Kräfte der Seele offenbar, die Empfindungen, die Beweglichkeit, die Fähigkeit zu denken, das, was unseren Tod bedeutet, wenn es uns genommen wird.

Wir müssen ferner daran festhalten, daß in der Seele die Hauptursache für unsere Sinneswahrnehmung liegt. Diese Fähigkeit besäße sie jedoch nicht, wenn sie nicht von der übrigen Atommasse irgendwie bedeckt würde. Die Atomansammlung des Körpers, die der Seele diese Fähigkeit verliehen hat, Hauptursache der Empfindung zu sein, hat nun auch selbst von der Seele Anteil an solcher Erscheinung erhalten, jedoch nicht Anteil an allem, was sie besitzt. Daher hat der Körper keine Fähigkeit, wahrzunehmen, wenn die Seele sich entfernt hat. Denn nicht besaß die Atomansammlung in sich selbst diese Kraft, sondern ein anderes mit ihr zusammen Entstandenes verschaffte sie ihr; dieses gab auch jener durch die Nachbarschaft und enge Beziehung etwas davon ab, nachdem es bei sich selbst diese in ihm gemäß der Bewegung entfaltete Kraft und die Fähigkeit zu empfinden erworben hatte, wie ich schon gesagt habe.

Daher ist die Seele niemals ohne Wahrnehmung, solange sie in dem Körper wohnt, selbst wenn irgendein Teil weggefallen ist; sondern sie wird die Fähigkeit wahrzunehmen behalten, was auch immer, wenn die deckende Hülle (des Körperteils) ganz oder teilweise sich loslöst, von ihr selbst mit verloren gehen mag, vorausgesetzt, daß sie überhaupt noch eine Wohnstatt behält. Der übrige Körper, mag er vollständig oder zum Teil erhalten bleiben, besitzt keine Wahrnehmungsfähigkeit, außer wenn von der Menge an Atomen so viel vorhanden bleibt, wie zum Bestehen der Seele erforderlich ist. Wenn die ganze Atomansammlung sich auflöst, zerstreut sich auch die Seele; sie hat nicht mehr dieselben Fähigkeiten, wird auch nicht mehr bewegt, wie sie auch nicht mehr wahrzunehmen vermag.

Denn man kann sich nicht denken, daß das noch Wahrnehmungsfähigkeit besitzt, was nicht mehr in diesem unserem Körper wohnt und diese Erregungen erfährt; das, was die Seele deckt und einhüllt, ist dann nicht mehr so beschaffen wie die Behausung, in der sie jetzt dieses Erregungsvermögen besitzt.

Wir müssen ferner noch bedenken, daß wir nach dem allgemeinen Gebrauch des Wortes sonst nur das unkörperlich nennen, was als von sich aus bestehend gedacht werden kann. Man kann sich aber das Unkörperliche nicht als an sich bestehend vorstellen – mit Ausnahme des leeren Raumes. Der leere Raum aber vermag weder etwas zu tun noch zu erleiden, sondern gewährt nur durch sich hindurch den Körpern Bewegungsmöglichkeit. Daher reden die, die behaupten, die Seele sei unkörperlich, törichtes Zeug. Wenn sie so beschaffen wäre, könnte sie ja weder etwas tun noch etwas erleiden. Nun aber sind es offensichtlich gerade diese beiden Eigenschaften, die wir der Seele zuerkennen.

Wer nun alle diese Erwägungen hinsichtlich der Seele in Beziehung bringt zu den Empfindungen und Wahrnehmungen und sich dessen erinnert, was zu Anfang dargelegt worden ist, der wird erkennen, daß sie hinreichend unter die Gesichtspunkte gebracht wurden, von denen aus auch Teilfragen genau und sicher gelöst werden können.

Des weiteren: Formen, Größe, Schwere, und was sonst noch vom Körper ausgesagt wird, mag es entweder allen oder wenigstens den sichtbaren Körpern zugehörig und allein durch Wahrnehmung erkennbar sein, dürfen wir nicht für selbständige Wesenheiten halten; denn das können wir uns nicht vorstellen. Wir vermögen sie aber auch nicht gänzlich als nicht bestehend anzunehmen noch zu glauben, sie seien irgend etwas Unkörperliches, dem Körper Zugehöriges, noch daß sie Teile von ihm sind. Wir müssen vielmehr dafürhalten, daß der ganze Körper überhaupt aus allem diesem sein eigenes immerwährendes Wesen erhält. Doch es ist nicht so, als ob er aus alledem zusammengetragen wäre, wie wenn aus selbständigen Teilchen eine größere Ansammlung sich zusammenfügte, sei es aus den ursprünglichen, sei es aus Teilen des Ganzen, die kleiner als dieses Ganze sind; sondern der Körper erhält, wie ich schon sagte, nur aus allem diesem zusammen sein eigenstes immerwährendes Wesen. Und alle diese Eigenschaften können als einzeln begriffen und unterschieden werden, doch immer so, daß das Ganze mit dabei gedacht wird und sich in keiner Weise davon absondert. Vielmehr erhält es gerade durch die Vorstellung des Gesamten erst seine Bezeichnung als Körper.

Den Körpern stößt es oftmals zu, daß neben ihnen etwas hergeht, was nicht ewig ist und was weder zu dem Unsichtbaren gehört noch unkörperlich ist. Wenn wir daher nach der häufigsten Verwendung uns des Wortes »Symptome« (das zufällig Zustoßende) bedienen, machen wir damit klar, daß das zufällig Zustoßende, die Symptome, weder die Wesenheit des Ganzen besitzen, das wir, in der Gesamtheit zusammengenommen, als Körper bezeichnen, noch die Wesenheit des ewig Begleitenden, ohne das wir uns keinen Körper vorstellen können.

Im Hinblick auf bestimmte Beobachtungen des Ganzen dürfte jedes einzelne Symptom seine Benennung erhalten, aber nur, sooft jedes einzelne als vorhanden festgestellt wird, da ja die Symptome das Ganze nicht ewig begleiten. Und diese augenfällige Erkenntnis dürfen wir nicht aus dem Seienden vertreiben, weil die Symptome nicht die Natur des Ganzen besitzen, an dem sie auftreten und das wir Körper nennen, und auch nicht die Natur des ewig Begleitenden haben. Andererseits dürfen wir sie nicht für selbständig halten – denn das ist weder bei diesen noch bei den bleibenden Eigenschaften auszudenken –, wir müssen sie vielmehr für das halten, als was sie erscheinen, nämlich für Symptome (zufällige Attribute der Körper), die nicht bleibende Eigenschaften sind, noch eine eigene wohlgeordnete Natur besitzen, sondern für Erscheinungen von der Art, wie die Wahrnehmung selbst sie ihnen zulegt.

Wir müssen ferner auch folgendes sorgsam betrachten: Wir dürfen die Zeit nicht so untersuchen wie alles andere, bei dem wir ein Zugrundeliegendes untersuchen und es auf die bei uns selbst erschauten und vorweggenommenen Vorstellungen zurückführen. Wir müssen allein schon die ins Auge fallende Tatsache, daß wir von langer und kurzer Zeit sprechen, mit Verwandtem vergleichen und ins richtige Verhältnis setzen. Wir dürfen keine neuen Ausdrücke dafür einführen, als ob sie besser wären, vielmehr uns der schon vorhandenen bedienen, und wir dürfen von ihr auch nicht irgend etwas anderes aussagen, so als ob dieses andere dieselbe Wesenheit habe, wie sie das Wort »Zeit« ausdrückt; denn auch dies tun einige. Wir müssen im Gegenteil allein und vor allen Dingen überlegen, womit wir dies ihr Eigentümliche verknüpfen und woran wir es messen können. Denn auch das bedarf keines Beweises, sondern allein der Überlegung, daß wir die Zeit mit den Tagen und den

Nächten und ihren Teilen verknüpfen, und ebenso auch mit dem Zustand des Empfindens und des Nichtempfindens, mit Zuständen der Bewegung und der Ruhe, indem wir irgend etwas, was dabei in Erscheinung tritt, als das Charakteristische bemerken und »Zeit« nennen.

Zu dem vorher Gesagten müssen wir festhalten, daß die Welten und jede begrenzte Zusammensetzung die gleiche Art haben wie das häufig Gesehene und daß sie aus dem Unendlichen entstanden sind, indem alles dies sich aus ganz besonderen größeren wie kleineren Wirbeln ausgesondert hat; und wir müssen überzeugt sein, daß dies alles sich wieder auflösen wird, das eine schneller, das andere langsamer, das eine infolge des Einwirkens von diesem, das andere unter der Einwirkung von jenem.

Wir dürfen ferner nicht annehmen, daß die Welten notwendigerweise eine und dieselbe Gestalt haben. (Die einen sind kugelförmig, andere eiförmig, wieder andere sind noch anders gestaltet. Jede Form hingegen kommt nicht vor, und sie sind auch keine lebenden Wesen, die sich von dem Unendlichen losgelöst haben.) Es wird auch niemand beweisen können, daß in einer Welt von solcher Art Samen enthalten sein könnten und auch wieder nicht enthalten sein dürften, aus denen Lebewesen und Pflanzen und alles übrige entsteht, was wir sehen, und es wird auch niemand beweisen können, daß das in einer solchen Welt nicht möglich ist.

Wir müssen weiter auch als Grundsatz ansehen, daß die Natur des Menschen in vielem und vielerlei Stücken von den Dingen selbst belehrt und zu lernen gezwungen worden ist und daß die Kraft zu denken späterhin das von ihr Übermittelte genauer erfaßt und weiteres dazu gefunden hat, in manchen Dingen schneller, in manchen langsamer und zu gewissen Zeitperioden und Zeitpunkten größere, zu anderen wieder kleinere Fortschritte gemacht hat.

Daher sind auch, wie wir festhalten müssen, die Bezeichnungen der Dinge nicht von Anfang an durch Ursetzung entstanden, sondern die Naturanlagen der Menschen, die je nach ihrer Volkszugehörigkeit ihnen eigentümliche Empfindungen erfuhren und eigentümliche Vorstellungen in sich aufnahmen, ließen sie dann auch den Luftstrom, der unter dem Eindruck der jeweiligen Empfindungen und Vorstellungen geformt wurde, in eigener Weise ausstoßen, verschieden auch nach den jeweiligen Wohnräumen der Völker. Später werden bei den einzelnen Völkern die ihnen arteigenen Bezeichnungen durch gemeinsame Abmachung festgelegt worden sein, damit ihre gegenseitigen Bekundungen weniger vieldeutig wären und kürzer ausgedrückt werden könnten. Und auch für Dinge, die nicht sichtbar sind, werden Leute, die sich ihrer bewußt wurden, aus dem inneren Drang, Laute zu ihrer Bezeichnung auszusprechen, diese eingeführt und weitergegeben haben; andere aber werden sie mit Überlegung angenommen und gemäß der sehr häufigen Veranlassung, sie zu verwenden, in Worten ausgedrückt haben.

Was nun die Himmelskörper angeht, so dürfen wir keinesfalls glauben, daß ihre Bewegung und Drehung, ihre Verfinsterung, ihr Aufgang und Untergang sowie alles, was auf der gleichen Linie steht, durch das Walten eines Wesens entstanden sei, das es angeordnet habe, es gegenwärtig in Ordnung halte und weiter halten werde, eines Wesens, das in vollster Glückseligkeit und Unvergänglichkeit verharre. Denn Werktätigkeit, Sorgen, Zorn und Liebe sind mit dem Begriff »Glückseligkeit« nicht in Einklang zu bringen, sondern sie sind Äußerungen der Schwäche und der Furcht und bedürfen eines Nächsten. Wir sollen wiederum nicht glauben, daß Wesen, die flammendes, geballtes Feuer sind, Glückseligkeit besitzen und diese Bewegungen nach Belieben annehmen; wir fühlen vielmehr die Verpflichtung, bei allen Bezeichnungen, die zu solchen Vorstellungen hinleiten, die volle Erhabenheit zu wahren, damit aus ihnen keine Glaubensvorstellungen erwachsen, die mit der Erhabenheit in Widerspruch stehen; sonst wird gerade der Widerspruch die größte Verwirrung in unseren Seelen anrichten. So müssen wir denn annehmen, daß im Uranfang, als die Zusammenballungen so manches in sich einschlossen und die Welt entstand, auch diese Gesetzmäßigkeit und Regelmäßigkeit der Abläufe mitentstanden ist.

Wir müssen auch überzeugt sein, daß es die Aufgabe der Naturwissenschaft ist, die Ursachen der wichtigsten Erscheinungen genau zu erforschen, und daß die Glückseligkeit in dieser Erforschung der Himmelserscheinungen und in dem Wissen beruht, welcher Art diese in den Himmelsräumen beobachteten Erscheinungen sind und was alles zur genauen Kenntnis dieser Erscheinungen hinführt.

Erkennen wir ferner: In diesen Dingen gibt es nicht vielerlei Möglichkeiten und auch nicht die Annahme, es könnte sich auch anders verhalten; sondern mit unvergänglicher und glückseliger Wesenheit ist Uneinigkeit und Unruhe unvereinbar, und daß sich dies so verhält, begreifen wir, wenn wir darüber nachdenken.

Was nun die Erforschung des Unterganges und Aufganges der Gestirne, ihrer Veränderung und Verfinsterung angeht und alles dessen, was damit verwandt ist, so trägt diese Erkenntnis in keiner Hinsicht zur Glückseligkeit bei; denn die Leute, die dies wissen, nicht aber die Art ihrer Natur und die hauptsächlichsten Ursachen dieser Erscheinungen kennen, hegen die gleiche Furcht, wie wenn sie ihr Wissen nicht besäßen, ja vielleicht noch größere Furcht, wenn das Staunen infolge des zusätzlichen Wissens um diese Dinge keine Lösung und keine Einsicht in die Gesetzmäßigkeit finden kann, die den hauptsächlichsten Vorgängen zugrunde liegt.

Wenn wir darum mehrere Ursachen für die

Veränderungen, Unter- und Aufgänge, für Verfinsterungen der Gestirne und derartiges finden, wie es bei den Teilerscheinungen der Fall war, dürfen wir nicht annehmen, das Streben nach Erkenntnis dieser Dinge habe noch nicht zu der Genauigkeit geführt, die uns Beruhigung und Glückseligkeit verschafft. Daher müssen wir die Ursachen der Himmelserscheinungen so erforschen, daß wir daneben betrachten, wie vielfach bei uns etwas Ähnliches geschieht. Wir können diejenigen nur verachten, die weder erkennen, was sich nur eindeutig verhält oder geschieht, noch was in vielfacher Weise eintritt, weil sie die Verschiedenheiten der Vorstellungen, die sich aus den verschiedenen Abständen ergeben, übersehen und weil sie nicht wissen, welcher Art die Fälle sind, in denen wir keine innere Beruhigung finden können, und welcher Art die, in denen das möglich ist. Wenn wir also glauben, daß irgend etwas auch so und anders geschehen kann, werden wir ebenso zur Seelenruhe kommen, wie wenn wir wüßten, daß es nur auf diese besondere Weise geschehen kann. Wir haben ja eben begriffen, daß etwas auf mehrfache Weise geschehen kann.

Die hauptsächlichste Ursache für die Beunruhigung der Menschenseele – das müssen wir uns alle klarmachen – kommt aus dem Glauben, die himmlischen Wesenheiten seien glückselig und unvergänglich und besäßen doch zugleich Wollen und die Möglichkeit, zu handeln und etwas zu verursachen. Das aber ist doch mit ihrer Seligkeit unvereinbar. Die Beunruhigung wird weiter durch die von den Mythen erregte ängstliche Erwartung ewiger Schrecken genährt und auch durch die Furcht vor der mit dem Tode eintretenden Empfindungslosigkeit, als ob sie diese dann noch etwas anginge. Und in diese Unruhe geraten sie nicht einmal auf der Grundlage fester Anschauungen, sondern durch unvernünftige Vorstellungen. Wenn sie daher das Fürchterliche nicht abgrenzen, erleiden sie die gleiche oder eine noch größere Beunruhigung, als wenn sie fest davon überzeugt wären. Der Seelenfriede aber beruht darauf, daß wir von alledem gelöst sind und uns ständig der Zusammenhänge und der wesentlichsten Folgerungen daraus bewußt sind.

Daher müssen wir auf die gegenwärtigen Empfindungen und Wahrnehmungen unser Augenmerk richten, und zwar als Glied der Gemeinschaft auf die gemeinsamen, als Einzelmensch auf die persönlichen, und dies mit der äußersten Klarheit in der Beurteilung der Merkmale. Denn wenn wir darauf achten, werden wir die richtige Ursache unserer Beunruhigung und Furcht angeben und sie bannen können, indem wir die Ursache der Himmelserscheinungen und alles dessen, was uns zustößt, erkennen. Vorgänge, die die übrigen Menschen in die äußerste Furcht versetzen.

Dies sind, mein lieber Herodotos, die hauptsächlichsten Erkenntnisse über die Natur des Alls, die ich für dich zusammengefaßt habe. Wer daher diese Lehre aufs genaueste festhält und auf sich wirken läßt, der wird, glaube ich, auch wenn er nicht zu allen Einzelfeststellungen fortschreitet, einen unvergänglichen Vorrang vor den übrigen Menschen haben. Denn er wird von sich aus vieles, was von mir in der Gesamtdarstellung im einzelnen ausgeführt worden ist, klarstellen können, und wenn er diese Zusammenstellung im Gedächtnis behält, wird sie ihm eine dauernde Hilfe sein.

Denn sie ist so gestaltet, daß auch die, die schon in Einzelfragen leidlich oder sogar vollkommen eingedrungen sind, die meisten ihrer Untersuchungen über die Natur des Alls vorantreiben können, wenn sie ihre Beobachtungen auf das zurückführen, was wirklich geschieht. Alle die aber, die noch nicht vollkommen in die Lehre eingedrungen sind, werden aus diesen Darlegungen auch ohne mündliche Unterweisung sich mit der Schnelle des Gedankens einen Überblick über das Wichtigste und damit Beruhigung der Seele verschaffen.

Brief an Pythokles

Epikuros grüßt seinen lieben Pythokles.

Kleon brachte mir einen Brief von dir, in dem du mit würdigenden Worten von deiner dauernden Dankbarkeit für meine Bemühungen um dich sprichst wie auch in recht überzeugender Weise versuchst, dir unsere Erörterungen ins Gedächtnis zurückzurufen, die um das Streben nach einem glücklichen Leben kreisten. Du bittest mich nun, dir eine gedrängte, wohlumgrenzte Darlegung über die Himmelserscheinungen zu senden, damit du dir alles leicht einprägen könntest; denn das, was ich in anderen Schriften niedergelegt habe, könne man, wie du meinst, nur schwer im Gedächtnis behalten, obwohl du nach deinen Worten meine Bücher dauernd bei dir trägst.

Ich nehme deine Bitte gern entgegen und hege gute Hoffnung, sie dir erfüllen zu können. Ich habe zwar schon alles sonst schriftlich niedergelegt; aber ich will deiner Bitte nachkommen in der Hoffnung, die Erörterungen werden auch für andere brauchbar sein, vor allem für solche, die erst vor kurzer Zeit von den echten Naturwissenschaften gekostet haben, und für solche, die irgendwie durch ihre täglichen Verpflichtungen zu wenig Zeit zu tieferen Studien haben. Studiere sie darum sorgfältig, präge sie deinem Gedächtnis tief ein und gehe sie immer wieder durch zusammen mit dem, was ich in dem kleinen Abriß an Herodotos gesandt habe.

Zuerst wollen wir als Grundsatz festhalten, daß die Erkenntnis der Himmelserscheinungen, mögen wir sie nun im Zusammenhang oder im einzelnen besprechen, dasselbe Ziel verfolgt wie die übrigen Forschungen, nämlich Erlangung innerer Ruhe und fester Zuversicht.

Wir dürfen weder das Unmögliche erzwingen wollen noch bei allen Erscheinungen die Art der Untersuchung anwenden, die der über die Lebensgesetze oder der Aufklärung der übrigen philosophischen Probleme gleicht, wie wir sie bei den grundlegenden Sätzen anwenden: »Das All besteht aus Körpern und unberührbarer Natur« oder »Die Atome sind die Urbestandteile« und alles derartige, was mit den Erscheinungen eine einhellige Übereinstimmung besitzt. Das aber ist bei den Himmelserscheinungen nicht der Fall. Ihre Entstehung hat vielmehr Ursachen vieler Art und eine mehrfache Deutung ihres Seins, die aber doch mit den Sinneswahrnehmungen im Einklang steht.

Wir dürfen ja nicht naturwissenschaftliche Untersuchungen anstellen aufgrund leerer Behauptungen oder gar Anordnungen, sondern so wie es die Erscheinungen verlangen; denn nicht Unvernunft und leerer Wahn bringen unserem Leben Nutzen, wichtig ist nur, daß es ohne Beunruhigung dahingehe. Alles vollzieht sich ohne

Erschütterungen und im Einklang mit den Erscheinungen, wenn alles auf mehrfache Weise erklärt werden kann. Wir müssen nur bei dem bleiben, was ein Forscher mit einleuchtenden Gründen darüber vorgebracht hat. Wenn nun jemand das eine bestehen läßt, das andere aber verwirft, obwohl es in gleicher Weise mit den Erscheinungen übereinstimmt, dann verläßt er ganz offenkundig den Bereich der naturwissenschaftlichen Forschung und gleitet in den Mythos ab. Hinweise auf das, was in den Himmelsräumen vorgeht, finden sich an gewissen Erscheinungen, die bei uns vorkommen; diese können wir in ihrer Wesenheit beobachten, nicht aber die Erscheinungen am Himmel, deren Entstehen wir auf mehrfache Weise zu deuten vermögen. Wir müssen jedoch den Eindruck festhalten, den jeder Vorgang in uns hervorruft, und dazu noch genau unterscheiden, was mit ihm verknüpft ist, und feststellen, was den Erscheinungen nicht widerspricht, die bei uns auf mehrfache Weise entstehen.

Der Kosmos umfaßt gewissermaßen das Himmelsgewölbe, umschließt Gestirne, Erde und alles Sichtbare; er ist ein Ausschnitt aus dem Unendlichen, der sich in Umdrehungen oder im Stillstand befindet und einen abgerundeten oder dreieckigen oder wie immer gearteten Umriß hat. Dies alles ist auf jede Weise möglich; denn keine der Erscheinungen in dieser Welt, deren Ende nicht zu erfassen ist, widerspricht dem.

Zu erfassen ist aber, daß es solche Welten in unbegrenzter Menge gibt, und auch, daß ein solcher Kosmos entstehen kann sowohl in einem Weltenraum wie in einem Zwischenweltenraum, womit ich den Abstand zwischen Welten bezeichne, und zwar an einem Ort mit viel Leerem, aber nicht an einem großen, durchsichtigen und völlig leeren Ort, wie einige behaupten. Eine neue Welt entsteht, wenn einige Samen von einer Welt oder einer Zwischenwelt oder auch von mehreren abfallen, allmählich kleine Teile ansetzen, sich eingliedern, sich an eine andere Stelle umsetzen, wenn es sich gerade so ergibt; sie erhalten von den Teilen, die Feuchtigkeit besitzen, in geeigneter Weise Bewässerung, bis Vollendung und Dauerhaftigkeit erreicht sind. Das geht so lange vor sich, wie der zugrundeliegende Unterbau Zunahme zu fassen vermag. Denn es bedarf nicht nur, wie man annimmt, einer Ansammlung oder eines Wirbels in dem Leeren, um einen Kosmos mit Notwendigkeit entstehen und wachsen zu lassen, bis er mit einem anderen zusammenstößt, wie einer von den sogenannten Naturphilosophen behauptet. Dies steht in starkem Widerspruch zu den Erscheinungen.

Die Sonne, der Mond und die übrigen Gestirne sind nicht für sich entstanden und erst später in das Weltsystem einbezogen worden, sondern sie bildeten sich sogleich und vergrößerten sich durch Zuwüchse und Umdrehungen gewisser feinteiliger Wesenheiten, sei es hauchartiger, sei es feuerartiger oder aus beidem bestehender Wesenheiten; denn auch das gibt uns unsere Wahrnehmung so an die Hand.

Was nun die Größe der Sonne und der übrigen Gestirne angeht, so ist sie für unsere Beurteilung so groß, wie sie uns erscheint. An sich ist sie vielleicht größer, als wir sie sehen, oder ein wenig kleiner oder eben genauso groß. So wird ja auch bei uns die Größe der Wachtfeuer, die aus einem Abstande gesehen werden, gemäß der sinnlichen Wahrnehmung beurteilt.

Jeder Einwand gegen diesen Teil meiner Ausführungen wird entkräftet werden, wenn man nur auf das achtet, was uns deutlich in die Augen fällt; das habe ich ja in meinem Werk »Über die Natur« aufgezeigt.

Aufgang und Untergang von Sonne, Mond und den übrigen Gestirnen geschehen möglicherweise durch Entzünden und Auslöschen, wenn die Verhältnisse an den jeweiligen Orten derart sind, daß dies sich vollziehen kann; denn keine der Erscheinungen zeugt dagegen. Auch bei ihrem Sichtbarwerden über der Erde und wiederum ihrem Verdecktwerden durch die Erde könnte geschehen, was ich gesagt habe; denn auch dagegen spricht keine der Erscheinungen. Ihre Bewegungen sind durchaus nicht unmöglich, da sich ja das ganze Himmelsgewölbe herumwirbelt oder, wenn das Himmelsgewölbe feststeht, sie selbst sich herumwirbeln nach der bei Entstehung der Welt mitentstandenen Gesetzmäßigkeiten, die sie auf- und untergehen heißt ... Dabei greift das Feuer infolge seiner übergroßen Hitze um sich und schreitet von Ort zu Ort fort.

Was nun die Veränderungen von Sonne und Mond anbetrifft, so entstehen sie möglicherweise durch eine Neigung des Himmelsgewölbes, die zu bestimmten Zeiten gesetzmäßig eintritt. Ebenso können sie entstehen durch Gegendruck der Luft oder auch dadurch, daß die dazu geeignete Masse fortwährend teils sich entzündet, teils verlischt. Möglich ist schließlich auch, daß von Anfang an diese Gestirne in einen solchen Wirbel versetzt worden sind, daß sie sich gewissermaßen in einer Spirale bewegen. Denn alle diese und diesem verwandte Erklärungen stehen in keinem Widerspruch zum klaren Augenschein, wenn man sich bei solchen Teilfragen an das Mögliche hält und imstande ist, jedes Einzelne mit den Erscheinungen in Einklang zu bringen ohne Scheu vor den Künsteleien der Astronomen, die einem Sklaven geziemen.

Abnehmen und Zunehmen des Mondes dürfte bewirkt werden durch Drehung dieses Himmelskörpers, ebenso auch infolge von Luftbildungen, ferner auch dadurch, daß sich ein anderer Körper vorschiebt, und schließlich auf alle Art, wie bei uns Erscheinungen zur Erklärung eines solchen Gestaltwandels auffordern. Man darf nur nicht, verliebt in die einzige Erklärungsart, die anderen aus nichtigen Gründen verwerfen, ohne sich klargemacht zu haben, was dem Menschen zu erkennen möglich ist und was nicht; sonst verlangt man Unmögliches. Ferner ist es denkbar, daß der Mond sein Licht aus sich selbst hat, oder auch, daß er es von der Sonne bekommt; auch bei uns ist ja zu beobachten, daß vieles Licht von sich selbst hat, vieles aber sein Licht von anderen erhält. Dem steht auch keine der Erscheinungen an den Himmelskörpern im Wege, wofern wir nur im Gedächtnis behalten, daß es eine mehrfache Erklärungsweise gibt, und die mit ihnen zusammenhängenden Hypothesen und Begründungen beobachten und vergleichen; wir dürfen dabei unser Augenmerk nicht auf Dinge richten, die nichts damit zu tun haben, und sie in alberner Weise aufbauschen und bald so, bald so der Gefahr eindeutiger Erklärung verfallen.

Der Eindruck des Gesichts im Mond kann entstehen durch eine Verschiedenartigkeit seiner Teile wie auch dadurch, daß sich etwas vorschiebt, überhaupt durch Vorgänge jeder Art, die man erkennen kann und die mit den Erscheinungen in Übereinstimmung stehen. Denn bei allem, was wir am Himmelsgewölbe sehen, dürfen wir auf eine solche Forschung nicht verzichten. Wenn wir uns mit dem klaren Augenschein in Widerspruch befinden, werden wir niemals einer wahren inneren Ruhe teilhaftig werden.

Sonnen- und Mondfinsternisse können entstehen durch Erlöschen ihres Lichts, wie sich das auch bei uns beobachten läßt, oder auch dadurch, daß sich irgend etwas anderes vor diese Himmelskörper stellt, etwa die Erde oder irgendein anderer Körper. Und so müssen wir die miteinander verwandten Erklärungsarten vergleichen und ins Auge fassen in dem Bewußtsein, daß auch mehrere gleichzeitig zutreffen können.

Die Regelmäßigkeit des Umschwungs der Himmelskörper müssen wir genauso auffassen, wie sich auch manche Vorgänge in unserer Erscheinungswelt vollziehen. In keiner Weise dürfen wir hierfür das Walten einer Gottheit heranziehen. Frei von allen Leistungen sollen wir die Gottheit in ihrer ganzen Seligkeit belassen. Wenn wir dies nicht richtig beachten, wird die ganze Beweisführung über die Himmelserscheinungen zum Unsinn. Das haben schon einige erfahren müssen, die sich nicht an eine mögliche Erklärungsweise gehalten haben und deshalb in törichtes Geschwätz verfallen sind, weil sie glaubten, die Vorgänge in den Himmelsräumen könnten sich nur auf eine einzige Art und Weise abspielen. Sie verwarfen all die anderen doch möglichen Erklärungen, gerieten so in das Undenkbare und vermochten die Erscheinungen, die wir als Fingerzeige hinnehmen müssen, nicht in Betracht zu ziehen.

Was nun die wechselnde Länge der Nächte und Tage betrifft, so kann ihre Ursache darin erkannt werden, daß sich die Sonne bald schneller, bald wieder langsamer über die Erde hin bewegt, je nach der Ausdehnung der Räume, die sie bald schneller, bald langsamer durchschreitet. So beobachten wir auch im Bereich unserer Wahrnehmung manches und müssen damit in Einklang bleiben, wenn wir von den Himmelserscheinungen reden. Die Leute aber, die nur eine einzige Erklärungsweise annehmen, setzen sich in Widerspruch zu den Erscheinungen und sind von der Bahn abgeirrt, auf der es einem Menschen möglich ist, zur Erkenntnis zu gelangen.

Witterungsanzeichen können entstehen durch das Zusammentreffen von Zeitumständen – und das können wir an den uns sichtbaren Tieren beobachten –, auch durch Veränderungen und Umschläge der Luft; denn beides widerspricht nicht dem, was wir sehen. Aber es ist nicht möglich zu erkennen, in welchen Fällen dies oder jenes die Ursache ist.

Wolken können entstehen und sich zusammenballen, wenn Luft durch Zusammenstoßen von Winden stark gepreßt wird oder wenn zusammenhängende Atome sich verwickeln und geeignet sind, Wolken hervorzubringen, schließlich auch durch angestaute feuchte Ausströmungen von der Erde und den Gewässern her. Es ist jedoch nicht unmöglich, daß die Ansammlungen solcher Wolkenstoffe sich auch auf mehrere andere Arten vollziehen. Wenn diese zusammengepreßt werden oder sich verwandeln, können sie Regen bringen, der aber auch hervorgerufen werden kann durch feuchte Ausströmungen, die sich von geeigneten Räumen aus durch die Luft bewegen und niederfahren. Ein gewaltsamer Regenguß erfolgt, wenn bestimmte Zusammenballungen geeignet sind, einen solchen zu entsenden.

Donner kann entstehen, wenn der Wind sich in den Höhlungen der Wolken bläht, wie sich Winde in den Gefäßen unseres Leibes blähen, oder auch durch das Brausen von Feuer, das in ihnen zu Luft geworden ist, ferner aber auch durch Zerreißen und Auseinanderrücken von Wolken, endlich auch dadurch, daß Wolken, die zu Eis erstarrt sind, sich aneinander reiben und zerbrechen. Wie bei der Erklärung des Alls fühlen wir uns auch auf diesem Teilgebiet aufgefordert, auf mehrfache Weise zu erklären, was sich vor unseren Augen abspielt.

Auch die Blitze entstehen auf mehrfache Weise. Aus Wolken, die sich aneinander reiben oder zusammenprallen, fährt schließlich ein feuriges Gebilde heraus und erzeugt den Blitz. Auch Winde können aus den Wolken derartige Körper herausschleudern, die diesen Glanz erzeugen. Es ist auch möglich, daß ein Blitz aus den Wolken herausgedrückt wird, die sich gegenseitig pressen oder von Winden zusammengepreßt werden. Vielleicht wird auch das von den Gestirnen zerstreute Licht von Wolken aufgefangen und von Winden mitgerissen und stürzt schließlich durch einen Riß der Wolken herab. Es können auch allerfeinste Teile des Lichts durch die Wolken dringen und in blitzartige Bewegungen geraten; ferner kann auch der Wind durch Schnelligkeit des Fluges und heftigen Druck in Brand geraten. Es ist schließlich auch möglich, daß Winde ein Zerreißen der Wolken verursachen, daß feuererzeugende Atome herausfallen und die Erscheinung des Blitzes hervorrufen. Es wird außerdem noch viele andere Möglichkeiten geben, das Entstehen eines Blitzes zu erklären, wenn wir uns nur an das halten, was wir sehen, und wenn wir imstande sind, es mit ähnlichen Erscheinungen zu vergleichen.

Der Blitz geht dem Donner voraus, wenn die Wolken so beschaffen sind, daß zugleich mit dem Einfallen des Windes das den Blitz erzeugende Gebilde herausgestoßen wird und erst nachher der gewaltig zusammengedrängte Wind dieses Grollen hervorbringt. Dies kann auch deshalb eintreten, weil selbst bei gleichzeitigem Entstehen von Blitz und Donner, der Blitz mit größerer Geschwindigkeit zu uns kommt als der Donner. Das kann man auch in manchem anderen Fall beobachten, wenn in größerem Abstand Schall erzeugt wird.

Blitzschläge können ihre Ursache haben in größeren Ansammlungen und Zusammenballungen von Winden und deren gewaltsamer Entzündung wie auch durch Abreißen eines Teils von ihnen und dessen mächtiges Herabstürzen auf die darunterliegenden Räume. Der Teil reißt ab, wenn durch die Ballungen der Wolken die angrenzenden Bezirke zu dicht geworden sind. Ein Blitzschlag kann auch erfolgen, wenn das in den Wolken zusammengepreßte Feuer von selbst herausstürzt, wie ja auch der Donner entstehen kann, wenn sich eine zu große Menge zu Wind gewordenen Feuers angesammelt hat und die Wolke zerreißt, weil es nicht in die benachbarten Räume ausweichen kann; denn die Wolken haben sich ja gegenseitig dichter und dichter zusammengepreßt. Auch auf vielerlei andere Art kann ein Donnerschlag entstehen. Man darf nur nicht an Mythen glauben; und man wird nicht daran glauben, wenn man nur vernünftig auf das Sichtbare achtet und daraus auf das Unsichtbare schließt.

Wirbelwinde können entstehen, wenn eine Wolke säulenförmig von einem angesammelten Wind, der sie durch sein starkes Wehen im Kreis dreht, auf die darunterliegenden Gefilde gestoßen wird, während gleichzeitig der von außen andrängende Wind die Wolken zur Seite stößt. Ein Wirbelwind kann auch dadurch hervorgerufen werden, daß der Wind selbst in eine Kreisbewegung gerät, während eine Luftmenge von obenher herabgerissen wird, auch dadurch, daß ein starkes Strömen von Winden entsteht, das wegen der Verdichtung der Luft ringsum nicht nach den Seiten ausweichen kann. Wenn sich nun der Wirbelwind bis zur Erde niedersenkt, entstehen Windhosen, wie ja überhaupt wirbelnder Wind dergleichen erzeugen kann; senkt sich der Wirbel bis zum Meere, dann werden Flutwirbel hervorgerufen.

Erdbeben können entfesselt werden durch Winde, die in der Erde eingeschlossen sind, sich an kleine Teile der Erde heften und sie in anhaltende Bewegung bringen, was eben eine Erschütterung der Erde bewirkt. Und diesen Wind nimmt die Erde entweder von außen her in sich auf oder dadurch, daß Erdmassen in höhlenartige Räume stürzen und die solcherart zusammengepreßte Luft in Wind verwandeln. Erdbeben können auch dadurch entstehen, daß sich die durch den Einsturz größerer Erdmassen erzeugte Bewegung fortsetzt und wieder zurückschlägt, wenn sie auf festere und dichtere Erdschichten stößt. Aber auch auf vielerlei andere Weise können diese Bewegungen der Erde vor sich gehen.

Die Winde aber werden allmählich erzeugt dadurch, daß fortwährend irgend etwas Fremdes immer mehr in die Luft eindringt, aber auch, wenn sich reichliche Mengen Wassers darin sammeln. Andere Winde entstehen auch, wenn geringe Luftmengen in die vielen Hohlräume fallen und sich dann nach allen Seiten verbreiten.

Hagel entsteht durch stärkeres Gefrieren, wenn sich von allen Seiten irgend etwas Luftartiges zusammenballt und wieder teilt, auch wenn wasserartige Dinge nur mäßig gefrieren, die sich zu gleicher Zeit zusammendrängen wie auch zerbersten; sie ballen sich in Teilen zusammen und frieren zu einer gedrängten Masse. Ihre runde Form kommt möglicherweise durch das Abschmelzen der Kanten von allen Seiten und auch dadurch, daß bei der Bildung der Hagelkörner von allen Seiten, wie man sagt, gleichmäßig abwechselnd wasserförmige und luftförmige Teilchen zusammentreten.

Schnee kann dadurch entstehen, daß feiner Regen aus den Wolken durch gleichmäßig verteilte Poren rinnt, während zugleich heftige Winde auf geeignete Wolken drücken; dieses Wasser gefriert bei seinem Fall durch starke Abkühlung in den Regionen unterhalb der Wolken. Das Wasser könnte aber auch innerhalb der Wolken, die von gleichmäßiger Lockerheit sind, erstarren und einen Schneefall bewirken, wenn die feuchtigkeitträchtigen benachbarten Wolken aneinandergedrückt werden. Wenn sie gleichsam zusammenstoßen, erzeugen sie Hagel, was meistens im Frühjahr eintritt. Schließlich könnte auch ein gesammelter Schneefall erfolgen, wenn ganze Wolken gefrieren und sich aneinander reiben. Aber auch für die Entstehung des Schnees gibt es noch andere Möglichkeiten.

Tau bildet sich, wenn sich Bestandteile aus der Luft miteinander verbinden, die eine derartige Feuchtigkeit erzeugen. Aber es können auch Dünste aus feuchten oder gar nassen Stellen aufsteigen, wo zumeist Tau erzeugt wird; wenn diese Dünste sich an einer Stelle vereinigen, erzeugen sie Feuchtigkeit und fallen dann wieder auf die darunterliegenden Landstriche, wie wir ähnliches ebenso auch bei uns mehrfach beobachten können.

Der Reif entsteht nicht anders als der Tau; solche Feuchtigkeit erstarrt nämlich, wenn sie von kalter Luft umgeben ist.

Eis bildet sich, wenn die kugelförmigen Gestaltungen aus dem Wasser herausgepreßt und die höckrigen und spitzwinkligen Gebilde, die im Wasser vorhanden sind, zusammengedrückt werden; aber auch, wenn von außen her solche Gestaltungen hinzuwachsen, die sich zusammenschließen und ein Gefrieren des Wassers bewirken, nachdem sie eine unbekannt große Menge von kugelförmigen Teilchen herausgepreßt haben.

Ein Regenbogen ist am Himmel zu sehen, wenn die Sonne gegen wasserhaltige Luft strahlt oder wenn in besonderer Weise Licht und Luft sich mischen und die charakteristischen Farben teils in der Gesamtheit, teils einzeln erzeugen. Durch den Widerschein davon erhalten dann die angrenzenden Lufträume eine derartige Färbung, wie wir sie beobachten, soweit die Sonne sie anstrahlt. Der Eindruck der Kreisform entsteht dadurch, daß der Abstand von allen Seiten her von unserem Auge als gleich wahrgenommen wird, oder dadurch, daß die Atome, die sich in der Luft befinden oder in den Wolken von der Sonne ausgestreut werden, sich zusammenschließen und daß diese Vereinigung eine gewisse Rundung annimmt.

Ein Hof um den Mond bildet sich, wenn von allen Seiten Luft gegen den Mond heranströmt oder wenn die Luft die vom Mond ausgehenden Strömungen gleichmäßig zurückhält, und zwar so lange, bis sie dieses nebelartige Gebilde im Kreise herumgelegt hat, ohne es überhaupt zu zerteilen. Der Hof kann auch entstehen, weil die Luft die den Mond umgebende Atmosphäre von allen Seiten symmetrisch zurückdrängt, so daß sie in dieser kreisförmigen und dichten Form um den Mond steht. Dies tritt ein, wenn in bestimmten Teilen oder von außen her eine gewisse Strömung mit Gewalt andringt oder die Wärme geeignete Durchgänge findet, so daß diese Erscheinung hervorgerufen wird.

Kometen tauchen auf, wenn sich in den Himmelsräumen längere Zeit hindurch infolge bestimmter Umstände Feuer gesammelt hat oder weil das Himmelsgewölbe über uns sich im Ablauf der Zeiten in seiner ihm eigenen Weise bewegt, so daß solche Sterne sichtbar werden. Schließlich können sich auch die Sterne selbst in gewissen Zeiten infolge bestimmter Umstände auf den Weg machen, in unsere Nachbarschaft gelangen und sichtbar werden. Sie werden wieder unsichtbar, wenn die entsprechenden Gegenwirkungen eintreten.

Bestimmte Sterne drehen sich nur an derselben Stelle. Das geschieht nicht nur, weil dieser

Teil des Weltalls feststeht, um den sich das übrige dreht, wie manche behaupten, sondern auch, weil ihn ein kreisförmiger Luftwirbel umgibt, der die Sterne hindert zu wandern wie die übrigen; sie können auch deshalb feststehen, weil für sie in den anschließenden Himmelsräumen kein geeigneter Stoff ist, wohl aber dort, wo wir sie als feststehend beobachten. Dies kann aber auch auf vielerlei andere Weise hervorgerufen werden, wenn wir nur imstande sind, das, was wir wahrnehmen, in Einklang zu bringen mit dem, was wir daraus erschließen.

Einige Sterne schweifen umher – wenn es wirklich der Fall ist, daß sie solche Bewegungen vollziehen –, andere bewegen sich in gleichmäßiger Weise. Das kann daher kommen, daß sie sich von Anfang an im Kreise drehten und nun im Zwange stehen, teils in demselben gleichmäßigen Wirbel dahinzuziehen, teils unregelmäßige Bahnen zu durchlaufen. Es ist auch möglich, daß in den Himmelsräumen, durch die sie sich bewegen, einerseits gleichmäßige Luftschichten vorhanden sind, die die Sterne unablässig in dieselbe Richtung stoßen und sie gleichmäßig entzünden, andererseits aber ungleichmäßige Luftschichten vorwalten, die die beobachteten Abweichungen erzeugen. Hierfür nur eine einzige Ursache anzugeben, obwohl die Erscheinungen zu mehrfachen Deutungen auffordern, ist wahnwitzig und wird in ungebührlicher Weise von denen geübt, die der törichten Astrologie anhängen, ins Blaue hinein Ursachen für gewisse Erscheinungen angeben und die Gottheit als nicht frei von Mühewaltungen hinstellen.

Gewisse Sterne können wir in ihrem Laufe hinter anderen zurückbleiben sehen. Das kommt daher, daß sie eben langsamer dahinziehen, obwohl sie dieselbe Kreisbahn zurücklegen, aber auch daher, daß sie von demselben Wirbel abgelenkt werden und sich in entgegengesetzter Richtung bewegen. Es ist auch möglich, daß die einen einen größeren, die anderen einen kleineren Raum zu durchlaufen haben, obgleich sie die gleiche Kreisbahn ziehen. Wer für diese Erscheinung nur eine einzige Erklärung abgibt, gehört zu den Leuten, die der großen Menge Wunderdinge erzählen wollen.

Die sogenannten Sternschnuppen können zum Teil dadurch entstehen, daß Sterne sich aneinander reiben, teils auch, weil Feuer aus den Wolken fällt, und zwar da, wo sich Winde herausdrängen, wie ich es schon bei den Blitzen gesagt habe. Es ist auch möglich, daß sich gleichartige Atome zusammenschließen, die imstande sind, Feuer zu erzeugen, und die von Anfang an dem Ort der Vereinigung zustreben, ebenso auch, daß sich Luft in gewissen nebelartigen dichten Gebilden sammelt und sich darin durch Druck entzündet, wobei sie dann die sie umgebende Hülle zersprengt und dahin strömt, wohin sie sich zu bewegen strebte. Aber auch noch auf andere Art kann das Entstehen von Sternschnuppen erklärt werden, ohne daß man Mythen zu bemühen braucht.

Was nun Wettervorzeichen angeht, die wir an gewissen Tieren beobachten, so entstehen sie durch ein zufälliges zeitliches Zusammentreffen. Denn die Tiere können keinerlei Zwang darauf ausüben, daß sich Sturm erhebt, noch thront ein göttliches Wesen in der Höhe, das die Tiere auslaufen läßt und dann dadurch die Wettervorzeichen bewirkt. Eine solche Torheit dürfte ja nicht einmal dem erstbesten Lebewesen beifallen, auch wenn es noch so wenig Denkkraft besäße, geschweige denn einem Wesen, das die Fülle der Glückseligkeit besitzt.

Dies alles, mein lieber Pythokles, präge deinem Gedächtnis ein. Dann wirst du weitgehend dem Bereich des Mythos entrinnen und imstande sein zu verstehen, was diesen Erscheinungen gleichgeartet ist. Vor allem aber gib dich hin der Betrachtung der Uranfänge, des Unermeßlichen und der damit verwandten Dinge, ferner der Merkmale und der Empfindungen und des Zwecks, zu dem ich dies alles auseinanderlege. Denn diese sehr genauen Betrachtungen werden auch die Ursachen von Teilerscheinungen leicht begreifbar machen. Die Menschen aber, die diesen Dingen nicht ein möglichst volles Gewicht beimessen, werden die Erscheinungen weder richtig erkennen können, noch haben sie das gewonnen, um dessentwillen wir diese Forschungen betreiben sollen.

Brief an Menoikeus

Epikuros grüßt seinen lieben Menoikeus.

Wer jung ist, soll nicht zögern, sich mit Philosophie zu beschäftigen, noch soll, wer schon ein Greis ist, in der Beschäftigung mit der Philosophie ermatten; denn niemand ist zu jung oder zu alt, für die Gesundheit seiner Seele zu sorgen. Wer nämlich sagt, die Zeit, sich mit Philosophie zu beschäftigen, sei für ihn noch nicht gekommen oder sie sei schon vorbei, der gleicht einem Menschen, der behauptet, die Zeit, glückselig zu sein, sei für ihn noch nicht da oder nicht mehr da. Darum soll der Jüngling wie der Greis Philosophie treiben, der eine, damit er im Alter noch jung bleibe, im Besitz des Guten, das ihm die Freude an dem Vergangenen schenkt, der andere, damit er, gleichzeitig jung und alt, furchtlos der Zukunft entgegensehen kann.

Wir müssen uns also um das bemühen, was uns die Glückseligkeit schafft; denn wenn wir sie besitzen, haben wir alles, wenn wir sie nicht besitzen, sollen wir alles tun, um sie zu erlangen.

Wozu ich dich ohne Unterlaß gemahnt habe, das tue also und darum bemühe dich. Hier erhältst du von mir die Grundlagen für ein von Schönheit erfülltes Leben.

Zuvörderst halte die Gottheit für ein Lebewesen, das unvergänglich und selig ist – diese Vorstellung ist ja in jedes Menschen Brust eingeschrieben –, hänge ihr unter keinen Umständen etwas an, was ihrer Unvergänglichkeit fremd, ihrer Seligkeit unangemessen wäre. Glaube vielmehr alles über sie, was die Vorstellung ihrer mit Unvergänglichkeit gepaarten Seligkeit zu wahren vermag. Denn Götter gibt es wirklich; ganz deutlich ist das zu erkennen. Doch so, wie die große Menge sie sich vorstellt, sind sie nicht; denn die große Menge wahrt bei dieser Vorstellung nicht das, was sie tatsächlich von ihnen inne wird. Nicht der aber ist gottlos, der die Gottesvorstellung der großen Menge zu beseitigen sucht, sondern wer den Göttern die Ansichten der großen Menge anhängt. Denn was die große Menge von den Göttern aussagt, entspricht nicht wahren Vorstellungen, sondern trügerischen Vermutungen. Aus den Händen der Götter, so denkt man, kommen die ärgsten Schädigungen für die Bösen und die größten Segnungen für die Guten; denn da die Menschen durchaus nur mit ihren eigenen Tugenden vertraut sind, stellen sie sich nur gleichgeartete Wesen vor, alles aber, was andersgeartet ist, betrachten sie als wesensfremd.

Gewöhne dich an den grundlegenden Gedanken, daß der Tod für uns ein Nichts ist. Denn alles Gute und alles Schlimme beruht darauf, daß wir es empfinden. Verlust aber dieser Empfindung ist der Tod. Deshalb macht die rechte Erkenntnis, daß der Tod für uns ein Nichts ist, die

Sterblichkeit des Lebens zu einer Freude; sie fügt nicht nach dem Tode eine grenzenlose Zeit hinzu, sondern tilgt in uns die Sehnsucht nach der Unsterblichkeit. Für den, der recht begriffen hat, daß es im Nichtleben nichts Schreckliches gibt, für den gibt es ja auch im Leben nichts Schreckliches. Daher ist ein Tor, wer da erklärt, er fürchte den Tod nicht, weil er Leid zufügen werde, wenn er da sei, sondern weil er Leid zufüge, da er bevorstehe. Es ist unsinnig zu glauben, was nicht beunruhige, wenn es da sei, werde Leid zufügen, weil es zu erwarten sei.

So ist also der Tod, das schauervollste Übel, für uns ein Nichts; wenn wir da sind, ist der Tod nicht da, aber wenn der Tod da ist, sind wir nicht mehr. Er geht also weder die Lebenden noch die Gestorbenen an; für die einen ist er ja nicht vorhanden, die andern aber sind für ihn nicht mehr vorhanden. Die große Menge freilich flieht den Tod bald als das größte Übel, bald sehnt sie ihn herbei als ein Ausruhen von den Mühsalen des Lebens. Der Weise jedoch weicht weder dem Leben aus, noch fürchtet er das Nichtleben. Das Leben ist ihm nicht zuwider, noch hält er das Nichtleben für ein Übel. Wie er bei der Speise nicht die größere Menge, sondern das Wohlschmeckendste vorzieht, so will er sich nicht eines möglichst langen, sondern eines möglichst angenehmen Lebens erfreuen.

Wer aber den jungen Menschen mahnt, fröhlich zu leben, den Greis, das Leben zu beschließen, der ist einfältig, nicht allein weil das Leben ja doch liebenswert ist, sondern weil die Sorge, fröhlich zu leben und fröhlich zu sterben, eine und dieselbe ist. Doch noch viel weniger klug ist, wer da sagt, es sei das beste, gar nicht geboren zu sein,

»ist man geboren, aufs schnellste des Hades
Tor zu durchschreiten.«

Wenn er das nämlich aus Überzeugung erklärt, warum scheidet er dann nicht aus dem Leben? Das steht ihm ja frei, wenn er gründlich mit sich zu Rate gegangen ist. Spottet er aber nur, so ist sein Spott frevelhaft bei Dingen, die den Spott nicht vertragen.

Wir dürfen aber nicht vergessen, daß die Zukunft weder vollständig in unserer Macht steht noch daß sie gänzlich unserer Macht entzogen ist, damit wir das Künftige weder als etwas unweigerlich Eintretendes erwarten noch die Hoffnung aufgeben, als werde es überhaupt nicht eintreten.

Wir müssen auch bedenken, daß von unseren Begierden die einen natürlich, die anderen nichtig sind. Und von den natürlichen Begierden sind die einen notwendig, die anderen nur natürlich. Von den notwendigen sind die einen zur Erlangung der Glückseligkeit erforderlich, die anderen teils damit unsere Gesundheit nicht gestört werde, teils damit wir überhaupt das Leben haben. Denn die unbeirrte Betrachtung dieser Begierden weiß alles Wählen und Meiden auf die

Gesundheit des Leibes und des Friedens der Seele auszurichten, weil dies ja das Ziel eines glücklichen Lebens ist. All unser Tun zielt ja doch darauf ab, weder Schmerzen des Leibes zu erleiden noch Störung des Seelenfriedens zu erfahren. Wenn uns dies einmal zuteil geworden ist, dann legt sich der ganze Aufruhr unserer Seele. Das lebende Wesen braucht sich gleichsam nicht mehr umzusehen nach dem, was ihm fehlen könnte, und braucht nichts weiteres zu suchen, womit es der Seele und des Leibes Wohlbefinden erst vollkommen machen sollte. Denn dann nur haben wir Verlangen nach Freude, wenn wir die Freude schmerzlich vermissen. Wenn wir aber keinen Schmerz haben, bedürfen wir der Freude nicht mehr.

Und aus diesem Grunde behaupte ich, daß die Freude der Anfang und das Ziel des glücklichen Lebens ist. Denn sie habe ich als das erste und uns angeborene Gut erkannt; von ihr gehen wir aus, wenn wir etwas wählen oder meiden, und auf sie gehen wir zurück, wenn wir sie gleichsam Maßstab unseres Empfindens sein lassen und danach jedes Gut beurteilen. Und gerade weil sie unser erstes und angeborenes Gut ist, wählen wir auch nicht jede Freude, sondern übergehen zuweilen viele Freuden, wenn sich aus ihnen für uns eine größere Widerwärtigkeit als Folge ergäbe; und umgekehrt halten wir viele Schmerzen für wertvoller als Freuden, wenn für uns auf lange Schmerzenszeit eine um so größere Freude folgt. Jede Freude ist also ein Gut, weil das ja ihr ureigenstes Wesen ausmacht, doch nicht jede ist schon deshalb erstrebenswert; gleicherweise ist jeder Schmerz wohl ein Übel, aber nicht jedem Schmerz muß man deshalb ausweichen.

Es ist demnach unsere Aufgabe, alles Zuträgliche und Abträgliche richtig zu unterscheiden, abzuwägen und danach zu beurteilen. Zu gewissen Zeiten bedienen wir uns nämlich des Guten wie eines Übels und wiederum des Übels wie eines Gutes.

Auch die Selbstgenügsamkeit halte ich für ein großes Gut, doch nicht, damit wir uns unter allen Umständen an wenigem genügen lassen, sondern damit wir uns mit wenigem zu begnügen vermögen, wenn wir nicht viel haben; wir sind überzeugt, daß den höchsten Genuß an großem Aufwand die Menschen haben, die seiner am wenigsten bedürfen, und daß alles Natürliche sehr leicht, das Überflüssige und Sinnlose aber schwer zu beschaffen ist. Einfache Suppen bereiten den gleichen Genuß wie ein üppiges Mahl, wenn erst einmal das Entbehren nicht mehr als Schmerz empfunden wird; Brot und Wasser bereiten den höchsten Genuß für jemand, der sie zu sich nimmt, wenn er Hunger und Durst hat. Die Gewöhnung an einfache und nicht üppige Lebensweise bringt auch völlige Gesundheit und macht den Menschen den drängenden Anforderungen des Lebens gegenüber unverzagt; sie verleiht uns, wenn wir uns nach längerer Zeit vor üppige Schüsseln setzen, einen größeren Genuß an ihnen und nimmt uns die Furcht vor dem blinden Geschick.

Wenn ich nun erkläre, daß die Freude das Ziel des Lebens ist, dann meine ich damit nicht die Lüste der Schlemmer noch die Lüste, die im Genießen selbst liegen, wie gewisse Leute glauben, die meine Lehre nicht verstehen, sie ablehnen oder böswillig auslegen. Ich verstehe unter Freude: keine körperlichen Schmerzen leiden und in der Seele Frieden haben. Denn nicht häufige Trinkgelage und festliches Schmausen, auch nicht der Verkehr mit schönen Knaben und Frauen, noch der Genuß von leckeren Fischen und was sonst eine üppige Tafel bietet, schafft ein freudvolles Leben; Freude schafft vielmehr nüchternes Überlegen, das die Ursachen alles Verlangens und Meidens aufspürt und den leeren Glauben austreibt, aus dem die größte Verirrung der Seelen entspringt.

Anfang und höchstes Gut bei alledem ist die Vernunft. Deshalb ist die Vernunft sogar wertvoller als das Philosophieren. In ihr wurzeln alle übrigen Tugenden. Sie ist es, die lehrt, daß man nicht freudvoll leben kann, ohne vernünftig, anständig und gerecht zu leben, aber auch nicht vernünftig, anständig und gerecht, ohne freudvoll zu leben.

Denn von Natur aus sind die Tugenden mit einem freudvollen Leben verbunden, und ein freudvolles Leben ist von ihnen nicht zu trennen.

Wer sollte nun nach deiner Meinung noch höher stehen als der,

der von den Göttern fromm denkt, dem Tode allezeit furchtlos entgegensieht, sich das Endziel der Natur klargemacht hat,

der erkannt hat, daß des Guten Höchstes leicht zu erfüllen und leicht zu erlangen ist, daß dagegen der äußerste Schmerz entweder nur kurze Zeit anhält oder nur kurzes Leid verursacht,

der das Schicksal verlacht, das manche Leute als unumschränkte Herrin hinstellen, und der erklärt, daß einiges mit Notwendigkeit, anderes aus Zufall geschehe, einiges aber auch durch uns, weil augenscheinlich die Notwendigkeit unumschränkt, der Zufall unbeständig sei und es bei uns stehe, ob wir uns einem Herrn unterwerfen wollen!

Daraus ergibt sich, was zu tadeln, was im Gegenteil zu befolgen ist. (Besser wäre es immerhin, dem Mythos von den Göttern anzuhängen, als Sklave des »unabänderlichen Geschicks« der Naturphilosophen zu sein; denn der alte Götterglaube läßt doch wenigstens die Hoffnung, die Götter durch Verehrung gnädig zu stimmen; das unabänderliche Geschick dagegen herrscht mit unerbittlicher Notwendigkeit.)

Wer unserer Erkenntnis ist, hält den Zufall weder für eine Gottheit wie die große Menge – denn nichts, was eine Gottheit tut, ist ohne Ordnung – noch für eine unsichere Ursache; denn er glaubt nicht, daß den Menschen ein Gut oder Übel vom Zufall zum glücklichen Leben beschert wird, dagegen daß die Ansätze zu großen Gütern oder Übeln vom Zufall geboten werden können; er hält es auch für besser, bei vernünftiger Überlegung vom Zufall genarrt, als bei unvernünftiger Überlegung vom Zufall begünstigt zu werden; besser ist es, wenn bei unserem Tun und Lassen das, was richtig entschieden ist, nicht vom Zufall zum Erfolg geführt wird.

Diese Lehren also, und was mit ihnen verwandt ist, beherzige selbst bei Tag und Nacht und lege sie auch deinen Gesinnungsfreunden ans Herz, und du wirst niemals weder im Wachen noch im Traum in Unruhe geraten. Du wirst vielmehr wie ein Gott unter den Menschen leben; denn keineswegs gleicht einem sterblichen Wesen ein Mensch, der im Besitz unsterblicher Güter lebt.

Hauptlehrsätze

Die Κύριαι δόξαι Epikurs sind in der »Geschichte der griechischen Philosophen« des Diogenes Laërtios überliefert.

1 · Das glückselige und unvergängliche Wesen (die Gottheit) kennt weder selbst Schwierigkeiten, noch bereitet es sie einem anderen; daher hegt es weder Zorn noch Wohlwollen; denn nur bei einem schwachen Wesen sind derartige Regungen möglich.

2 · Der Tod ist für uns ein Nichts; denn was der Auflösung anheimgefallen ist, besitzt keine Empfindung mehr, was aber keine Empfindung mehr hat, bedeutet für uns nichts mehr.

3 · Die Höchstgrenze der Freude liegt da, wo alles Schmerzende beseitigt ist. Denn wo die Freude ist, da gibt es, solange sie dauert, weder Schmerz noch Trübsal, noch beides zusammen.

4 · Der Schmerz dauert nicht ununterbrochen im Fleische, sondern der heftigste Schmerz währt nur sehr kurze Zeit; wenn er nur die Freude im Fleisch übersteigt, bleibt er nicht viele Tage. Auch langwährende Schwächezustände bergen immer noch ein Mehr von Freude als von Schmerz im Fleische.

5 · Man kann nicht in Freude leben, ohne mit Vernunft, anständig und gerecht zu leben; aber man kann auch nicht vernunftvoll, anständig

und gerecht leben, ohne in Freude zu leben. Wem aber die Voraussetzung zu einem vernunftvollen, anständigen, gerechten Leben fehlt, der kann auch nicht in Freude leben.

6 · Damit wir vor den Menschen ohne Furcht leben können, gab es von Natur das Gut der Obrigkeit und des Königtums, mit deren Hilfe man sich Sicherheit verschaffen kann.

7 · Manche wollten berühmt und angesehen werden, weil sie meinten, sich auf diese Weise Sicherheit vor den Menschen verschaffen zu können. Wenn das Leben dieser Leute also sicher ist, dann haben sie das natürliche Gut erlangt. Wenn sie aber nicht in Sicherheit leben, besitzen sie nicht, wonach sie von Anfang an gemäß ihrer natürlichen Anlage getrachtet haben.

8 · Keine Freude ist an sich ein Übel; doch das, was gewisse Freuden erzeugt, bringt vielerlei Beschwerden mit sich, die die Freuden um ein Vielfaches übersteigen.

9 · Wenn sich alle Freude verdichtete und wenn sie mit der Zeit auch in der gesamten Ansammlung oder wenigstens in den hauptsächlichsten Teilen der Natur vorhanden wäre, dann würden sich die einzelnen Freuden niemals voneinander unterscheiden.

10 · Wenn das, was den Prassern Freude bereitet, die Ängste bei dem Gedanken an die Naturereignisse, an den Tod und die Schmerzen vertreiben könnte, und wenn es an die Grenzen der Begierden mahnte, dann hätten wir niemals Grund, diese Menschen zu tadeln; sie füllen sich ja von allen Seiten her voll mit Freuden und haben von keiner Seite her Schmerzen oder Betrübnis, die doch das Übel schlechthin sind.

11 · Wenn uns nicht der Argwohn beunruhigte, daß uns die Naturerscheinungen und der Tod etwas bedeuten könnten, und auch nicht der Umstand, daß wir die Grenzen der Schmerzen und Begierden nicht kennen, dann bedürften wir der Naturerkenntnis nicht.

12 · Es wäre für uns nicht möglich, uns von den angstvollen Gedanken an die höchst entscheidenden Dinge zu befreien, wenn wir von der Natur des Alls keine Kenntnis hätten, sondern argwöhnen müßten, es könnte doch etwas an den Mythen sein. Daher können wir ohne Naturerkenntnis keine ungemischte Freude genießen.

13 · Es nützt gar nichts, sich vor den Menschen Sicherheit zu verschaffen, solange uns der Argwohn gegenüber den Vorgängen am Himmel und unter der Erde wie überhaupt in der Unendlichkeit bedrückt.

14 · Wenn sich auch die Sicherheit vor den Menschen bis zu einem gewissen Grade durch Macht und Wohlhabenheit stützen läßt, so ist doch jene Sicherheit die echteste, die man sich durch ein Leben in Stille und Zurückgezogenheit vor der großen Menge schafft.

15 · Der Reichtum, der der Natur gemäß ist, ist begrenzt und leicht zu beschaffen; der aber, nach dem törichte Menschen Verlangen tragen, geht ins Grenzenlose.

16 · In das Dasein des Weisen greift der Zufall nur in geringem Umfang ein; das Wichtigste und Hauptsächlichste hat seine Überlegung schon in Ordnung gebracht, hält es während der gesamten Lebenszeit in Ordnung und wird es in Ordnung halten.

17 · Der gerechte Mensch erfreut sich des größten Seelenfriedens, während der ungerechte übervoll ist von Unfrieden.

18 · Sowie einmal der im Entbehren liegende Schmerz beseitigt ist, nimmt die Freude im Fleisch nicht zu, sondern wird nur mannigfaltiger. Den Gipfel der durch Erkenntnis erworbenen Freude aber erreicht nur, wer alle jene und verwandte Dinge, die dem Denken die größten Ängste verursachen, durch Überlegung von sich abgetan hat.

19 · Die unbegrenzte Zeit birgt die gleiche Freude in sich wie die begrenzte Zeit, wenn wir die Grenzen der Freude durch Überlegung richtig ermittelt haben.

20 · Das Fleisch setzt die Grenzen seiner Begierde nach Freude ins Unendliche, und nur eine unendliche Zeit könnte ihm Freude zur Genüge verschaffen. Das Denken aber, das über den Zweck und die Endlichkeit des Fleisches Klarheit gewonnen und die Ängste vor der Ewigkeit beseitigt hat, verschafft das vollkommene Leben und bedarf dazu durchaus keiner unendlichen Zeit mehr. Der denkende Mensch flieht indes weder die Freude, noch endigt er, wenn er aus dem Leben scheiden muß, so, als habe er das höchste Lebensglück irgendwie verfehlt.

21 · Wer die Grenzen des Lebens kennt, weiß, daß leicht zu beschaffen ist, was den Schmerz des Entbehrens beseitigt und was das ganze Leben vollkommen macht. Daher hegt er durchaus kein Verlangen nach Dingen, die mit Kämpfen verbunden sind.

22 · Wir müssen unser vorgesetztes Lebensziel und alle offenkundigen Tatsachen, auf die wir unsere Ansichten zurückführen, fest im Auge behalten. Tun wir das nicht, dann wird alles voller Unordnung und Verwirrung sein.

23 · Wenn du dich gegen alle Sinneswahrnehmungen auflehnst, wirst du nichts haben, worauf du dich beziehen kannst, wenn du eine von ihnen für falsch erklärst.

24 · Wenn du irgendeine Sinneswahrnehmung schlechthin verwirfst und dabei nicht unterscheidest zwischen dem, was du aufgrund deiner Erwartung annimmst, und dem, was nach Wahrnehmung und Empfindung und vorstellendem Denken bereits erkannt ist, dann wirst du mit deiner verkehrten Meinung auch deine übrigen Sinneswahrnehmungen mit in Verwirrung bringen und dadurch jede Möglichkeit für ein richtiges Urteil verlieren. Wenn du ferner alles, was du in deinem wähnenden Denken erwartest und was noch nicht Bezeugungskraft besitzt, für sicher hältst, dann wirst du der Täuschung nicht entrinnen; du wirst daher jeden Zwiespalt in der Entscheidung darüber, was richtig und was nicht richtig ist, zum Dauerzustand machen.

25 · Wenn du nicht zu jeder Zeit alles, was du tust, auf das Ziel der Natur ausrichtest, sondern ihm, sei es im Meiden, sei es im Verfolgen, eine andere Richtung gibst, dann werden deine Taten deinem vernünftigen Denken nicht entsprechen.

26 · Alle Begierden, die keinen Schmerz hervorrufen, wenn sie nicht befriedigt werden, gehören nicht zu den notwendigen; das Verlangen zergeht schnell, wenn die Begierden sich auf schwer zu Beschaffendes richten und ihre Erfüllung allem Anschein nach Schaden stiften kann.

27 · Von allen Gütern, die die Weisheit sich zur Glückseligkeit des ganzen Lebens zu verschaffen weiß, ist bei weitem das größte die Fähigkeit, sich Freunde zu erwerben.

28 · Ein und dieselbe Erkenntnis ist es, die uns getrost darüber sein läßt, daß kein Schrecknis ewig währt oder auch nur lange dauert, und uns darüber klar sein läßt, daß in unseren begrenzten Verhältnissen Sicherheit hauptsächlich durch Freundschaften fest gegründet wird.

29 · Von den Begierden sind die einen natürlich und notwendig, die anderen natürlich und nicht notwendig; noch andere sind weder natürlich noch notwendig, entstehen vielmehr durch leeren Wahn. (Hier fügt Diogenes Laërtios zu: Für natürlich und notwendig hält Epikur die Begierden, die den Schmerz beseitigen wie die nach einem Trunk, wenn man durstig ist. Natürlich, aber nicht notwendig nennt er die Begierden, die nur die Freude erhöhen, den Schmerz aber nicht beseitigen wie kostbare Speisen, weder natürlich noch notwendig das Streben nach Ehrungen durch Lorbeer und Denkmäler.)

30 · Die Begierden, die zwar natürlich sind, aber keine Schmerzen hervorrufen, wenn sie nicht gestillt werden, bei denen aber ein drängendes Bemühen um Erfüllung bestehen bleibt, diese Begierden entspringen leerem Wähnen; wenn sie nicht vergehen, so liegt das nicht etwa an ihrer eigenen Natur, sondern an dem leeren Wahn des Menschen.

31 · Die Gerechtigkeit ist eine Übereinkunft, die einen Nutzen im Auge hat, nämlich einander nicht zu schädigen und voneinander nicht Schaden zu erleiden.

32 · Für alle die Lebewesen, die keine Abmachungen darüber treffen konnten, einander nicht zu schädigen und voneinander nicht geschädigt zu werden, für alle diese gibt es keine Gerechtigkeit, auch keine Ungerechtigkeit. Das gleiche gilt auch für Völker, die weder die Möglichkeit noch den Wunsch hatten, Übereinkommen zu treffen, einander nicht Schaden zuzufügen und auch nicht voneinander geschädigt zu werden.

33 · Gerechtigkeit an sich hat es auf irgendwelche Weise nie gegeben; sondern bei dem gegenseitigen Verkehr der Menschen untereinander in verschieden großen Räumen ist sie eine Art Abmachung darüber, einander nicht zu schädigen und voneinander keinen Schaden zu erleiden.

34 · Die Ungerechtigkeit ist nicht ein Übel an sich, sondern besteht nur in der argwöhnischen Besorgnis, man könne den Richtern nicht entgehen, die zur Bestrafung derartiger Taten bestellt sind.

35 · Wer heimlich gegen die Abmachung verstößt, einander keinen Schaden zuzufügen und voneinander nicht geschädigt zu werden, der darf nicht darauf rechnen, daß er der Strafe entgeht, selbst wenn er für den Augenblick tausendmal unentdeckt bleibt. Denn es ist durchaus ungewiß, ob seine Tat bis zu seinem Tode im verborgenen bleibt.

36 · In einem Gemeinwesen gilt allen ein und dasselbe für gerecht; denn es bringt in der Gemeinschaft der Menschen untereinander Nutzen. Doch aus der Besonderheit eines Landes und aus allen möglichen Veranlassungen ergibt es sich, daß nicht allen Menschen ein und dasselbe für gerecht gelten kann.

37 · Was sich innerhalb einer Gemeinschaft in den wechselseitigen Bedürfnissen als nützlich erwiesen hat und als gerecht zum Gesetz erhoben ist, das besitzt den Charakter des Gerechten, ob nun ein und dasselbe für alle gleicherweise gerecht ist oder nicht. Erläßt aber jemand ein Gesetz, das dem wechselseitigen Nutzen innerhalb der Gemeinschaft nicht förderlich ist, dann be-

sitzt es nicht mehr die Eigenschaft des wirklich Gerechten. Auch wenn der Nutzen, der durch das Recht geschaffen ist, ins Gegenteil umschlägt, aber eine ganze Zeit der allgemeinen Vorstellung der Menschen von Recht entsprochen hat, dann war dies trotz alledem eben für jene Zeit gerecht für alle, die sich durch leeres Gerede nicht verwirren lassen, sondern einfach ihr Augenmerk auf die Tatsachen richten.

38 · Da, wo sich die gewordenen Verhältnisse zwar nicht geändert haben, es sich aber zeigt, daß das gesetzliche Recht der allgemeinen Vorstellung von seinen Wirkungen nicht mehr entspricht, da war es eben nicht Recht. Wo sich aber die Verhältnisse geändert haben und das bisher bestehende Recht keinen Nutzen mehr bringt, da war es so lange Recht, als es der wechselseitigen Gemeinschaft aller Staatsbürger von Nutzen war; später aber war es nicht mehr Recht, als es nicht mehr Nutzen brachte.

39 · Der Mensch, der sich gegen das ihn von außen her Bedrohende am besten zu wappnen weiß, macht sich die Umwelt vertraut, soweit er kann; wo ihm das nicht gelingt, sorgt er, daß sie ihm wenigstens nicht fremd ist. Mit allen Dingen aber, in denen ihm auch dies versagt ist, gibt er sich gar nicht ab und geht nur von alledem aus, was für sein Tun nützlich ist.

40 · Alle die Menschen, die sich das Vertrauen vor allem der Nachbarn zu verschaffen wissen, leben miteinander das freudevollste Leben in der festesten Zuversicht; sie genießen das Glück engster Verbundenheit und jammern nicht über den vorzeitigen Heimgang eines Gestorbenen, als ob man ihn bemitleiden müsse.

Spruchsammlung

Aussprüche Epikurs sind
im Gnomologium Vaticanum, einer
griechischen Handschrift
des 14. Jahrhunderts, enthalten

1 · Jeder Schmerz ist leicht zu verachten; bringt er schweres Leiden, so dauert er nur kurze Zeit, sitzt er lange Zeit im Fleische, dann ist das Leid gering.

2 · Für den, der Unrecht tut, ist es schwierig, verborgen zu bleiben; er kann nicht darauf bauen, daß er verborgen bleiben werde.

3 · Ein Übel ist der Zwang. Doch was zwingt uns, unter Zwang zu leben?

4 · Bei den meisten Menschen wirkt Ruhe Erschlaffung, Bewegung aber Raserei.

5 · Wir sind ein einziges Mal geboren; zweimal geboren zu werden, ist nicht möglich; eine ganze Ewigkeit hindurch werden wir nicht mehr sein dürfen. Und da schiebst du das, was Freude macht, auf, obwohl du nicht einmal Herr bist über das Morgen? Über dem Aufschieben schwindet das Leben dahin, und so mancher von uns stirbt, ohne sich jemals Muße gegönnt zu haben.

6 · Wir schätzen unsern Charakter als unser Eigenstes, ob er nun wirklich gut ist und ob wir von den Menschen geachtet werden oder nicht. So sollten wir auch die Charaktere unse-

rer Nächsten werten, wenn sie uns zugetan sind.

7 · Niemand wählt mit sehenden Augen das Übel, sondern er wird vom Übel eingefangen, angelockt, als ob ein größeres Gut zu gewinnen wäre.

8 · Nicht ein Jüngling ist glücklich zu preisen, sondern ein Greis, der als Ehrenmann gelebt hat; denn ein junger Mensch, der noch in der Vollkraft steht, ist in seinem Denken noch unstet und wird vom Geschick bald hierhin, bald dorthin getrieben. Der Greis dagegen hat in seinem Alter wie in einem Hafen Anker geworfen und hat früher nie erhoffte Güter mit Dankbarkeit sicher geborgen.

9 · Wenn man sich nicht mehr sehen, nicht mehr miteinander verkehren und sich nicht gemeinsam vergnügen kann, schwindet bald die gegenseitige Liebe.

10 · Wer des Guten, das er erfahren, nicht mehr gedenkt, ist am gleichen Tag ein Greis geworden.

11 · Wir dürfen die Natur nicht vergewaltigen, sondern müssen ihr gehorchen; gehorchen werden wir ihr, wenn wir die notwendigen Begierden befriedigen, die natürlichen nur, wenn sie nicht Schaden bringen; die schädigenden aber müssen wir rücksichtslos unterdrücken.

12 · Jede Freundschaft ist um ihrer selbst willen erstrebenswert; ihren Ursprung jedoch hat sie genommen aus der Hoffnung auf Nutzen.

13 · Träume besitzen keine göttliche Herkunft, auch keinen prophetischen Wert, sondern entstehen durch den Einfall von Bildern.

14 · Gemessen am Zweck der Natur ist Armut ein Reichtum; Reichtum aber, der keine Grenzen kennt, ist große Armut.

15 · Wir müssen erkennen: die lange Rede hat wie die kurze dasselbe Ziel.

16 · Bei sonstigen Betätigungen stellt sich die Frucht mühsam ein, wenn sie zum Abschluß gekommen sind; bei der Philosophie hält die Freude mit der Erkenntnis gleichen Schritt, denn der Genuß folgt nicht auf das Lernen, sondern Lernen ist zugleich Genuß.

17 · Weder die sind zu loben, die vorschnell Freundschaft schließen, noch die lange Zögernden; um der Freundschaft willen muß man schon etwas wagen.

18 · Mit Freimut möchte ich aufgrund meiner Naturerkenntnis allen Menschen lieber wie ein Orakel verkünden, was ihnen dienlich ist, wenn auch niemand es begreifen sollte, als den Allerweltsmeinungen beistimmen und das billige Lob der Masse ernten.

19 · Gegen alles andere können wir uns Sicherheit verschaffen; dem Tode gegenüber aber wohnen wir Menschen alle in einer Stadt ohne Mauern.

20 · Die Verehrung des Weisen ist ein großes Gut für die, die ihn verehren.

21 · Die Stimme des Fleisches spricht: nicht hungern, nicht dürsten, nicht frieren. Wem dies Begehren erfüllt wird und wer hoffen kann, es ständig erfüllt zu sehen, der könnte sich an Glückseligkeit selbst mit Zeus messen.

22 · Wir brauchen die Freunde nicht, um sie zu brauchen, sondern um die Zuversicht zu haben, daß wir sie brauchen können.

23 · Wir dürfen das, was wir haben, nicht entwerten durch das Verlangen nach dem, was wir nicht haben, sondern müssen bedenken, daß auch unsere jetzige Habe uns einmal als etwas Wünschenswertes erschienen ist.

24 · Schwach ist unsere Natur gegenüber dem Übel, nicht gegenüber dem Guten; durch Freuden erhält sie sich, durch Schmerzen reibt sie sich auf.

25 · Durchaus klein ist der, der viele gute Gründe zu haben glaubt, das Leben zu verlassen.

26 · Nicht der ist ein Freund, der dauernd Hilfe begehrt, noch der, der sie niemals leistet; denn der eine will durch seine Zuneigung Gegendienst erkaufen, der andere zerstört uns die Zuversicht auf künftige Hilfe.

27 · Wer behauptet, es geschehe alles mit Naturnotwendigkeit, hat kein Recht, den zu tadeln, der sagt, es geschehe nicht alles mit Naturnotwendigkeit; denn sonst gibt er zu, daß auch dies mit Naturnotwendigkeit geschieht.

28 · Wir müssen gleichzeitig lachen und philosophieren, unser Haus verwalten und alle unsere übrigen Fähigkeiten nutzen, dabei niemals davon ablassen, die Stimme der wahren Philosophie hören zu lassen.

29 · Derselbe Augenblick schafft das höchste Gut und auch seinen Genuß.

30 · Auf ungerechte Weise nach Geld zu gieren, ist gottlos, aber auch auf gerechte Weise geldgierig zu sein, ist schändlich; denn es gehört sich nicht, schmutzig zu geizen, selbst wenn es ohne Ungerechtigkeit geschieht.

31 · Der Weise, der selbst auf das Notwendigste beschränkt ist, versteht besser zu geben als zu nehmen. Einen solchen Schatz der Selbstgenügsamkeit hat er gefunden.

32 · Die Naturwissenschaft macht die Menschen nicht zu geschäftigen Prahlern und Schwätzern, noch zu solchen, die ihre bei der großen Menge hochgeschätzte Bildung zur Schau stellen, sondern sie macht sie selbstbewußt, selbstgenügsam und stolz, stolz nicht auf äußere Güter, sondern auf ihren eigenen inneren Besitz.

33 · Die schlechten Gewohnheiten wollen wir wie schlechte Menschen vollständig vertreiben, die uns lange Zeit großen Schaden zugefügt haben.

34 · Wir müssen versuchen, den nächsten Tag immer besser zu gestalten als den vorhergehenden, solange wir auf dem Wege sind; sind wir dann ans Ziel gelangt, sollen wir glücklich und zufrieden sein.

35 · Wie ich von dir höre, treibt dich dein unruhiges Fleisch besonders heftig zum Genuß der Liebe. Folge deinem Drange, wie du willst, wenn du nur die Gesetze nicht übertrittst, die guten Sitten nicht verletzest, keinen dir Nahestehenden kränkst, deine Gesundheit nicht zerrüttest noch die zum Leben notwendige Habe verschwendest. Es ist indes unmöglich, sich nicht wenigstens in eins dieser Übel zu verstricken. Der Liebesgenuß hat noch niemals Nutzen gebracht; man kann zufrieden sein, wenn er nicht Schaden bringt.

36 · Die Freundschaft tanzt einen Reigen um die bewohnte Welt und mahnt uns einem Herold gleich, aufzuwachen zu einem glücklichen Leben.

37 · Wir sollen niemanden beneiden. Gute Menschen verdienen den Neid nicht, und die Schlechten schaden sich selbst um so mehr, je mehr ihnen alles glückt.

38 · Man soll sich nicht den Anschein geben, als treibe man Philosophie, sondern man soll wirklich philosophieren. Es nützt uns auch nichts, uns den Anschein der Gesundheit zu geben, sondern wir müssen wirklich gesund sein.

39 · Im Unglück müssen wir uns aufrichten, indem wir uns des Verlorenen mit Dankbarkeit erinnern, uns aufrichten durch die Erkenntnis, daß das Geschehene nicht ungeschehen zu machen ist.

40 · Der Weise empfindet nicht größeren Schmerz, wenn er selber gefoltert wird, als wenn er sieht, wie sein Freund gefoltert wird.

41 · Befreien muß man sich aus dem Gefängnis des Alltagsgetriebes und des Staatslebens.

42 · Der Bauch ist nicht unersättlich, wie die Menge sagt, aber falsch ist die Vorstellung, daß man den Bauch unbegrenzt füllen müsse.

43 · Jeder geht aus dem Leben, wie wenn er eben erst geboren wäre.

44 · Sehr schön ist der Anblick der Nahestehenden, wenn das erste Zusammensein voll Eintracht ist und ein Ansporn zu häufiger Begegnung.

45 · Wenn Eltern gerechte Veranlassung haben, über ihre Kinder in Zorn zu geraten, dann ist es durchaus unsinnig, wenn diese sich widersetzen und nicht versuchen, Verzeihung zu erlangen; liegt aber keine gerechte Veranlassung vor, sondern eine unüberlegte Forderung, dann ist es durchaus lächerlich, sich dagegen aufzulehnen und damit die Unbedachtheit zu mehren.

Die Kinder sollten lieber auf jede Weise versuchen, die Eltern zu begütigen.

46 · Auch die Bedürfnislosigkeit hat ihre Grenzen; wer sie nicht beachtet, verfällt in einen ähnlichen Fehler wie jener, der seine Bedürfnisse ins Maßlose steigert.

47 · Die Anerkennung der Umwelt muß von selbst kommen. Uns ziemt es, nur an unsere eigene Heilung zu denken.

48 · Unsinnig ist es, von den Göttern etwas zu erbitten, was man aus eigener Kraft zu leisten vermag.

49 · Das Leid unserer Freunde bewege uns nicht zum Klagen, sondern zum Helfen.

50 · Ein Mann, der frei leben will, ist nicht in der Lage, sich große Schätze zu erwerben, weil das nicht zu bewerkstelligen ist, ohne sich zum Handlanger von Pöbelmassen oder Machthabern zu machen. Aber die Freiheit schenkt alles in nie versagender Freigebigkeit. Sollte man aber zufällig viel Geld bekommen, kann man es leicht verteilen und sich damit das Wohlwollen der Nächsten erwerben.

51 · Nichts ist für den genug, dem das Genügende zu wenig ist.

52 · Ein Mensch, der nicht zufrieden ist mit dem, was er hat, wird nach immer größerem Lebensgenuß begehrlich sein.

53 · Tue nichts in deinem Leben, was dir Angst einflößen muß, wenn es deinem Nachbarn bekannt wird.

54 · An alle Begierden sollen wir die Frage stellen: Was wird mir geschehen, wenn erfüllt wird, was ich begehre, und was, wenn es nicht erfüllt wird?

55 · Auch körperliche Schmerzen können uns manchmal von Nutzen sein, indem sie uns lehren, uns vor ähnlichem zu bewahren.

56 · In einer wissenschaftlichen Auseinandersetzung hat der Unterlegene den größeren Gewinn, und zwar in dem Maße, in dem er etwas hinzulernt.

57 · Der Ausspruch: »Sieh auf das Ende eines langen Lebens« bedeutet Undankbarkeit gegenüber dem in der Vergangenheit empfangenen Guten.

58 · Die schönste Frucht der Selbstgenügsamkeit ist Freiheit.

59 · Der edle Mann bemüht sich vor allem um Weisheit und Freundschaft. Davon ist diese ein vergängliches, jene ein unvergängliches Gut.

60 · Wer in sich selber Frieden hat, schafft weder sich noch anderen Unruhe.

61 · Der erste Schritt zum Heil der Jugend besteht darin, auf sie achtzugeben und sie zu schützen vor solchen, die mit ihren ungezügelten Begierden alles beflecken.

62 · Weder größter Reichtum noch Ehre und Ansehen bei der Menge, noch irgend etwas anderes, was unbegrenzte Begierde erstreben mag, löst die Unruhe der Seele und bringt ihr wirkliche Freude.

Fragmente

Aus verschiedenen Schriften und Briefen Epikurs

1 · Ich habe niemals danach gestrebt, der großen Menge zu gefallen; denn was ihr gefiel, habe ich nicht gelernt, und was ich wußte, das lag weitab von ihrem Begreifen.

2 · Leeres Geschwätz ist die Rede jenes Philosophen, durch die keine menschliche Leidenschaft geheilt wird. Wie wir einer Heilkunst nicht bedürfen, die nicht imstande ist, Krankheiten aus dem Körper zu vertreiben, bedürfen wir auch einer Philosophie nicht, die nicht das Leiden der Seele vertreibt.

3 · Das Streben nach wahrer Philosophie befreit uns von jeder unruhvollen und peinlichen Begierde.

4 · Seelenfriede und Schmerzlosigkeit sind ruhige Freuden; aber Lust und Frohsinn beschwingen den Tatendrang.

5 · Anfang und Wurzel alles Guten ist die Freude des Magens; selbst Weisheit und alles, was noch über sie hinausgeht, steht in Beziehung zu ihr.

6 · Viele Menschen fürchten, in Bedürftigkeit leben zu müssen, und werden durch diese Furcht zu Handlungen getrieben, die ihrerseits in den meisten Fällen Furcht erzeugen.

7 · Denke nicht, es sei unnatürlich, daß, wenn das Fleisch ruft, auch die Seele ruft. Das Fleisch ruft: nicht hungern, nicht dürsten, nicht frieren! Es ist schwer für die Seele, dem zu widerstehen, und es ist auch gefährlich für sie, den Ruf der Natur zu überhören, weil täglich ihre Freiheit davon abhängt.

8 · Wer der Natur folgt und nicht leeren Meinungen, der ist in allen Stücken unabhängig; gemessen an dem, was der Natur genügt, ist jeder Besitz Reichtum, wenn aber das Verlangen keine Grenzen kennt, ist selbst der größte Reichtum Armut.

9 · Besser ist es für dich, auf Spreu zu liegen und guten Mutes zu sein als ohne Seelenfrieden auf goldenem Ruhebett zu liegen und an reichbesetzter Tafel zu speisen.

10 · Ich bin von übergroßer Freude in meinem Körperchen erfüllt, wenn ich von Wasser und Brot lebe, und ich pfeife auf die Freuden eines üppigen Mahles, nicht dieser Freuden wegen, sondern wegen der Unannehmlichkeiten, die ihnen auf dem Fuße folgen.

11 · Dank sei der über alles zu preisenden Natur, daß sie uns das Notwendige leicht beschaffbar machte, das Schwerzubeschaffende aber nicht notwendig sein ließ.

12 · Wann immer du in Schwierigkeiten bist, bist du es, weil du das Walten der Natur vergißt. Du selbst schaffst dir dadurch unbegrenzte Ängste und Begierden.

13 · Wenn dein Feind dich um etwas bittet, wende dich nicht von seiner Bitte ab; doch sei auf der Hut, denn er ist wie ein Hund.

14 · Wenn die Gottheit die Bitten der Menschen erfüllte, dann wären alle Menschen ziemlich schnell zugrunde gegangen, da sie unaufhörlich viel Schlimmes gegeneinander erbitten.

15 · Es gibt Götter, weil die Natur selbst die Vorstellung von ihnen allen Seelen eingepflanzt hat; denn welche Art von Menschen hätte nicht irgendeine Vorstellung von Göttern, ohne eine Anweisung empfangen zu haben!

16 · Wir wollen fromm und in rechter Weise den Göttern opfern, wie es sich geziemt, und auch sonst alles der Vorschrift gemäß tun, ohne uns in unseren Überzeugungen von den edelsten und höchsten Gütern irre machen zu lassen.

17 · Es ist Sache des Weisen zu beten, nicht als ob die Götter unwillig würden, wenn wir es unterließen, sondern in dem Gedanken, daß die Kräfte der Natur uns an Macht und Bedeutung überlegen sind.

18 · Nicht selten finden wir einen Menschen, der arm ist im Hinblick auf das Ziel der Natur und reich an leeren Vorstellungen; denn keinem der Toren genügt das, was er besitzt; er jammert vielmehr um das, was er nicht hat. Wie die Fiebernden wegen der Bösartigkeit der Krankheit immer Durst haben und das ihnen Unbekömmlichste begehren, so leiden auch die, deren Geist in recht schlechtem Zustand ist, immer an allem Mangel und verfallen aus Gier in mannigfaltigste Begierden.

19 · Die Seele besteht aus den glattesten und rundesten Atomen, die von denen des Feuers sehr verschieden sind; ein Teil von ihnen ist vernunftlos und über den übrigen Körper verteilt, während der vernunftvollere Teil seinen Sitz im Brustkorb hat, was sich aus Schreck und Freude ergibt. Der Schlaf tritt ein, wenn die über den ganzen zusammengesetzten Körper verteilten Atome, die darin festgehalten oder umhergetrieben werden, auf Stellen stoßen, die ihnen Widerstand entgegensetzen.

20 · Die Seele ist eine Mischung aus vier Bestandteilen: aus einer feurigen, luftförmigen, hauchartigen und aus einer vierten, nicht zu benennenden Qualität. Diese letzte ist das Organ der Wahrnehmung. Von ihnen (den Bestandteilen) bewirkt der Hauch die Bewegung, die Luft die Ruhe, die Wärme die zutage tretende Kör-

perwärme, die nicht zu benennende aber die Wahrnehmung in uns; denn auf keinem der bezeichneten Elemente beruht die Wahrnehmung.

21 · Dafür, daß die Freude das höchste Ziel unseres Lebens ist, liegt der Beweis darin, daß die lebenden Wesen von Geburt an daran Gefallen finden, dagegen dem Schmerz naturgemäß und unbewußt sich widersetzen. Aufgrund unserer eigenen Erfahrung also fliehen wir den Schmerz; denn selbst Herakles schreit laut, während er von dem Gewande (des Kentauren Nessos) zerfressen wird:

»Sein Schreien, Heulen hallten rings die Felsen nach, der Lokrer Vorgebirge und Euböas Klippenstrand.«

22 · Ich weiß nicht, was ich noch als Gutes ansehen soll, wenn ich die Freuden des Geschmacks, die Freuden der Liebe, die Freuden des Gehörs, schließlich die Erregungen beim Anblick einer schönen Gestalt abziehe.

23 · Wir müssen das Edle, die Tugenden und solcherlei Dinge hochschätzen, wenn sie uns Freude verschaffen; schaffen sie uns keine Freude, dann sollen wir uns nicht um sie kümmern.

24 · Eine unüberbietbare Freude erzeugt das Bewußtsein, einem großen Übel entgangen zu sein; und darin liegt das Wesen des Guten, wenn man es richtig erfaßt und dann nicht unnütz umhergeht und dabei über das Gute sinnlos schwätzt.

25 · Ich dagegen rufe die Menschen zu dauernden Freuden auf und nicht zu nutzlosen und sinnlosen Tugenden, deren Früchte man nur voller Unruhe erhoffen kann.

26 · Für Leute, die zu überlegen fähig sind, birgt der wohlgefestigte Zustand des Leibes und die feste Zuversicht, daß er so bleibt, die höchste und sicherste Freude.

27 · Ich achte das Schöne gering und auch die, die es töricht bewundern, wenn es keine Freude bereitet.

28 · Wer des folgenden Tages am wenigsten bedarf, wird ihm am freudigsten entgegensehen.

29 · Es ist besser, gewisse Mühen zu ertragen, damit wir uns um so größerer Freuden erfreuen. Hinwiederum ist es von Nutzen, sich gewisser Freuden zu enthalten, damit wir nicht weit schlimmere Schmerzen erleiden.

30 · Eine Kunst der Weissagung gibt es in Wirklichkeit nicht; auch wenn es sie geben sollte, dürfen uns die Dinge, die geschehen, nichts angehen.

31 · Nichts genügt dem, der nicht mit wenigem zufrieden ist.

32 · Ich habe die Selbstgenügsamkeit nicht gepriesen, um mich durchaus nur mit schlichten und billigen Speisen zu ernähren, sondern um imstande zu sein, mich damit zufriedenzugeben.

33 · Wenn man wie ein Tier geschäftig ist, kann man sich Besitztümer in großer Menge aufhäufen, das Leben aber wird arm bleiben.

34 · Selbstgenügsamkeit ist der größte Reichtum.

35 · Viele Menschen, die Reichtümer erwarben, haben von ihren Leiden keine Befreiung erlangt, sondern nur größere Leiden dafür eingetauscht.

36 · Nichts Neues ereignet sich im All, wenn man die unendliche Zeit bedenkt, die schon vergangen ist.

37 · Tiere und kleine Kinder sind ein Spiegel der Natur.

38 · Laßt euch nicht täuschen, ihr Menschen, nicht verführen, noch hintergehen! Es gibt – glaubt es mir – für die Denkenden keine natürliche gegenseitige Gemeinschaft. Wer etwas anderes sagt, täuscht und betrügt euch.

39 · Ein kleiner Geist wird durch Erfolge übermütig, durch Rückschläge aber niedergedrückt.

40 · Die Gesetze sind um der Weisen willen da, nicht damit sie kein Unrecht tun, sondern damit sie kein Unrecht erleiden.

41 · Ein Mann, der Furcht verbreitet, kann selbst nicht ohne Furcht sein.

42 · Fliehe, du Argloser, jegliche Bildung im schnellsten Nachen!

43 · Lebe im Verborgenen!

44 · Die vier Heilmittel

Immer sollen dir die vier Heilmittel
zur Hand sein:
Vor der Gottheit brauchen wir keine Angst
zu haben.
Der Tod bedeutet Empfindungslosigkeit.
Das Gute ist leicht zu beschaffen.
Das Schlimme ist leicht zu ertragen.

45 · Der letzte Brief an Idomeneus

An diesem wahrhaft glücklichen Tag meines Lebens, der mein letzter ist, schreibe ich euch dies: Schmerzen durch Harnzwang und Ruhr folgen einander; sie haben eine solche Stärke erreicht, daß sie sich nicht mehr steigern können. All diese Schmerzen aber wiegt auf die Freude meines Herzens in der Erinnerung an die Unterredungen, die wir miteinander geführt haben. Du aber sorge für die Kinder des Metrodoros* so treu, wie du seit deiner Jugend zu mir und zur Philosophie gestanden hast.

* Metrodoros aus Lampsakos, einer der ältesten Schüler und Freund Epikurs, starb 7 Jahre vor seinem Lehrer.

Insel Clips

Insel-Clip 1
Epiktet · Wege zum glücklichen Handeln

Insel-Clip 2
Raymond Radiguet · Den Teufel im Leib

Insel-Clip 3
Marc Aurel · Selbstbetrachtungen

Insel-Clip 4
Martin Walser · Ein fliehendes Pferd

Insel-Clip 5
Seneca für Gestreßte

Insel-Clip 6
Max Frisch · Halten Sie sich für einen guten Freund?

Insel-Clip 7
Lao-tse · Tao-te-king

Insel-Clip 8
Hermann Hesse · Klingsors letzter Sommer

Insel-Clip 9
Zen · Sprüche und Leitsätze der Zen-Meister

Insel-Clip 10
Jurek Becker · Die beliebteste Familiengeschichte

Insel-Clip 11
Goethe · Ob ich Dich liebe weiß ich nicht

Insel-Clip 12
Isabel Allende · Eine Rache

Insel Clips

Insel-Clip 13
Jakob Böhme · Von der neuen Wiedergeburt

Insel-Clip 14
Augustinus · Liebe und tu, was du willst

Insel-Clip 15
Franz Kafka · Die Verwandlung

Insel-Clip 16
Cicero · Von den Pflichten

Insel-Clip 17
Isabel Allende · Geschenk für eine Braut

Insel-Clip 18
Goethe für Gestreßte

Insel-Clip 19
Max Frisch · Skizze eines Unglücks

Insel-Clip 20
Rainer Maria Rilke · Die schönsten Gedichte

Insel-Clip 21
Bertolt Brecht · Geschichten vom Herrn Keuner

Insel-Clip 22
Boccaccio · Erotische Geschichten

Insel-Clip 23
Karl Kraus · In zweifelhaften Fällen entscheide man sich für das Richtige

Insel-Clip 24
Hermann Hesse · Kinderseele